KB266454

그녀는 어떻게 해냈을까?

두 아이 키우면서 사업

그녀는 어떻게 해냈을까?

이선희 지음

SNOWFOX.*p*

나의 인생을 바꾼 단 하나의 변곡점

인생에 전반전과 후반전이 있다면, 당신은 그 둘을 가르는 순간을 겪어본 적 있는가.

수학에서 변곡점은 곡선의 방향이 완전히 바뀌는 지점이다. 오목이 볼록으로 뒤집히고, 이전의 방식으로는 더 이상 앞으로 나아갈 수 없는 순간. 삶에도 그런 지점이 있다. 선택하지 않으면 정체되고, 반복하면 제자리로 돌아오는 순간.

변화를 택할 것인가, 익숙함에 머물 것인가.

나는 변화를 택했다. 그리고 그 선택이 나를 사업이라는 길로 이끌었다.

나는 시장통에서 자랐다. 내가 왜 사업을 하게 되었는지 거슬러 올라가면, 결국 그 시절의 결핍에 닿는다.

부모님은 그릇 장사를 하셨다. 물건을 나르는 노란 바구니 안에 나를 넣어 두고 장사를 하셨다고 한다. 하루 장사를 마치고 보니, 내가 바구니 안에서 대소변을 가리지 못한 채 온몸이 엉망이 되어 있었다는 이야기를 들었다. 그날 밤, 엄마는 잠을 이루지 못하고 울었다고 했다.

지금도 그 시절 이야기가 나오면 가족 모두 잠시 말을 잇지 못한다. 누구나 가난했던 시절은 있지만, 생계를 위해 아이를 바구니에 넣어야 했던 부모의 마음을 떠올리면 결핍이라는 감정은 아직도 내 안에서 선명하게 살아 있다.

결핍은 있어야 할 것이 없을 때 생긴다. 그리고 그 빈자리를 채우기 위해 사람은 움직인다. 몸에 영양이 부족하면 신호가 오듯, 가난이 만든 결핍은 나를 가만히 두지 않았다. 그래서 안다. 결핍은 반드시 극복해야 할 불행만은 아니라는 것을.

결핍은 사람을 움직이게 하는 힘이 된다.

결혼 후 살던 집은 12평 전세 아파트였다. 연년생 아이 둘이 태어나자 현실은 더 또렷해졌다. 아이들은 24시간 내 손길을 필요로 했고, 나는 밖으로 나갈 수 없었다. 그때 선택한 일이 월급 100만 원 남짓의 파트타임 강사 일이었다.

2016년, 두 살도 채 안 된 연년생 아이를 키우며 시작한 커리어였다. 금액은 작았지만, 일하는 시간만큼은 숨통이 트였다. 나는 그 100만 원짜리 일을 1,000만 원짜리 일처럼 했다. 그러나 월급은 쉽게 오르지 않았다.

그래서 결심했다.

'내 사업을 하자' 아주 작게, 아주 보잘것없이, 아주 소소하게.

그 선택이 내 인생의 변곡점이었다.

2017년, 작은 공부방 하나로 시작했다. 시행착오를 겪으며 구조를 바꾸고, 시스템을 다듬었다. 그 결과, 단 9년 만에 연 순수익 6억 원 규모의 사업을 만들었다.

현재는 학원 2개 지점을 운영하며 약 380명의 학생을 안정적으로 관리하고 있다. 팬데믹이 한창이던 2020년에는 지사 운영을 통해 전체 원생 수를 약 150명에서 1,700명 규모로 확장했다. 숫자는 거짓말을 하지 않는다. 이 성과는 운이 아니라 구조의 결과였다.

어느 순간 나는 더 이상 '학원 원장'이 아니라 '원장을 가르치는 사람'이 되어 있었다. 6년간 지사장으로 일하며 수백 명의 원장을 현장에서 지도했고, 그 성과를 인정받아 본사로부터 2년 연속 최우수 지사상을 받았다.

하지만 이 책은 성공담을 늘어놓기 위해 쓴 책이 아니다.

나처럼 불씨 하나 품고 버티는 사람들이 있다. 엄마라는 이유로 자신을 내려놓았던 사람들, 여자라는 이유로 일과 육아 사이에서 매일 미안해하는 사람들. 이 책은 바로 그들을 향해 쓰였다.

가족을 지키기 위해 나를 포기하지 않아도 된다.
일을 하기 위해 사랑하는 사람들을 버릴 필요도 없다.

둘 중 하나만 선택해야 한다는 말은 더 이상 진실이 아
니다.

두 마리 토끼는 잡을 수 있다.
버티면 잡힌다.
내가 그 증거다.

이 책은 막연한 희망을 말하지 않는다. 숫자로 증명된
과정과, 실제로 걸어온 선택의 흔적을 담았다. 누군가에게
는 작은 불씨가, 또 누군가에게는 새로운 문이 되기를 바란
다.

당신의 인생에도 변곡점은 온다.
문제는 그 순간, 어떤 선택을 하느냐다.

1장-시작하는 장

사장이 될 것인가, 직장인으로 남을 것인가

사장이 될 것인가, 직장인으로 남을 것인가

이유는 단순했다. 선택이 아니라 본능이었다. 살아남기 위한.

선택지가 없으면 망설임도 사라진다. 그때 내가 그랬다. 갈 수 있는 길은 하나뿐이었다. 내 사업이다. 첫째 딸 생일은 12월 14일, 둘째 아들은 12월 8일. 나이 차이 겨우 한 살. 내 나이 서른셋이었다. 어느 날 뒤돌아보니 남아 있는 건 텅 빈 통장과 하루 종일 손이 가는 어린 두 아이뿐이었다.

그때 결심했다. 성공하는 엄마가 되자. 남편이 없었냐고? 있었다. 도움도 받았다. 하지만 나는 스스로 서서 나를 증명하는 삶을 살고 싶었다. 아이는 열 달을 엄마 뱃속에서 자라고, 태어나서도 엄마 젖을 먹으며 큰다. 엄마를 더 찾는 건 자연스러운 일이다. 그래서 엄마로서, 여자로서, 아내로서 세 역할을 동시에 감당해야 한다. 어느 하나 내려놓을 수 없다. 매일 버티고 견뎠다. 그러다 알게 됐다. 그 시간이 나를 더 단단하게 만들고 있었다는 걸.

그 깨달음이 나를 움직였다. 가족과 아이들을 책임지고 싶었고, 동시에 내 삶도 잃고 싶지 않았다. 그래서 사업을 시작했다.

처음 사업을 시작하던 순간이 지금도 또렷하다. 두 아이를 어린이집에 맡기고 나오던 날. 눈물이 가득 고인 아이들 눈망울을 마주치지 않으려고 거의 기어 나오듯 문을 빠져나왔다. 뒤돌아보면 나도 울 것 같아서 안간힘을 썼다. 내가 울면 아이들도 울 테니까. 아이가 아프기라도 하면 '내가 일해서 그런 건 아닐까' 하는 죄책감이 가슴을 파고들었다. 감정은 몇 번이고 바닥까지 내려갔다.

하지만 거기 머물러서는 살아남을 수 없었다. 미안해하

며 아파하는 엄마로만 있을 수는 없었다. 결국 깨달았다. 엄마가 행복해야 아이들도 행복할 수 있다는 걸.

첫 사업 이야기를 해보겠다. 12평 아파트 전체를 공부방으로 쓰느라 우리 가족은 거의 단칸방에서 살았다. 그래도 아무것도 모른 채 해맑게 웃는 아이들의 재롱이 매일 버틸 수 있는 힘이 됐다. 연년생 어린 두 아이를 키우며 사업을 한다는 건 쉽지 않았다. 하루에도 수십 번 천당과 지옥을 오갔다. 수행하듯 버티는 시간의 연속이었다.

그냥 포기할까. 수없이 흔들렸다. 그때마다 어린 아이들 눈을 보며 다짐했다. 당당한 엄마가 되자. 그렇게 수백 번 마음을 다시 붙잡고 조금씩 앞으로 걸어 나갔다.

첫 사업을 시작한 지 10년이 흘렀다. 사업이라는 선택 하나로 10년 전의 나와 10년 후의 나는 다른 사람이 됐다. 그 시간이 나를 단단하게 만들었다. 변화를 만든 건 어쩔 수 없이 버틴 시간이 아니라, '어떻게 살고 싶은가'라는 절박한 물음이 이끌어낸 시간이었다.

당신은 떠밀려 살아지는 삶을 원하는가, 스스로 선택하며 사는 삶을 원하는가.

나는 선택의 여지가 없어 사업을 시작했지만, 그 선택이 내 인생을 완전히 바꿔놓았다. 솔직히 말하면, 많은 사람들이 '나도 하면 될 것 같다'는 생각으로 뛰어들고 무너진다. 그렇다고 사업이 두려워할 대상은 아니다. 제대로 알고 시작하면 누구보다 빠르게 인생을 역전할 수 있는 길이기도 하다.

그렇다면 왜 99퍼센트는 실패하고 1퍼센트는 성공하는가. 다음 장에서 그 이유부터 짚어보겠다.

요즘 창업은 더 이상 특별한 선택처럼 보이지 않는다. 실제로 취업 대신 창업을 선택하는 젊은 세대는 빠르게 늘고 있다. 교육부에 따르면 지난해 전국 4년제 대학 재학생과 졸업자가 창업한 기업 수는 1,951개로 전년보다 23.4퍼센트 증가했다. 숫자만 놓고 보면 창업은 점점 '일반적인 선택지'가 되어 가는 듯하다.

하지만 시작하는 사람이 늘었다고 해서 살아남는 사람이 늘어난 것은 아니다. 부모 세대가 믿어 왔던 평생직장은 이미 흔들리고 있고 어렵게 들어간 직장조차 정년을 채우지 못할 가능성이 커졌다. 퇴직금 하나 들고 처음 해보는 장사를 시작하는 경우도 적지 않다. 그때 가장 흔히 떠올리는 선택이 치킨집이다. 아이러니하게도 대한민국에서 가장 많은 업종 역시 치킨집이다. '이 정도면 되겠지'라는 생각으로 시작한 창업은 평생 모은 돈을 한순간에 잃는 결과로 이어지기도 한다.

평균 수명은 길어지고 있지만 노후를 책임질 안정적인 소득 구조는 점점 사라지고 있다. 여기에 AI와 자동화가 빠르게 일상에 스며들면서 지식을 쌓아 두는 것만으로 경쟁력을 유지하던 시대도 끝나가고 있다. 엔비디아 최고경영자 젠슨 황(Jensen Huang)은 AI가 모든 일을 대체하지는 않지만, 업무의 일부를 훨씬 효율적으로 수행하는 사람과 그렇지 못한 사람의 격차는 더 벌어질 것이라고 말했다. 결국 변화에 적응한 사람이 다른 사람의 자리를 차지하게 된다. 이 흐름 속에서 사람들은 자연스럽게 묻게 된다. 남의 사업을 위해 평생 월급을 받을 것인가, 아니면 내 사업을 통해 미래를 직접 만들어 갈 것인가.

실제로 잡코리아와 알바몬 조사에 따르면 직장인과 구

직자 가운데 76.8퍼센트가 창업 의지가 있다고 답했다. 가장 큰 이유는 고용 불안이었다. 그만큼 많은 사람이 이미 마음속으로는 '언젠가 내 사업'을 생각하고 있다는 뜻이다. 문제는 시작이 아니라 끝까지 버티는 일이다.

사업은 직장과 다르다. 일하기 싫은 날을 대충 넘길 수 없다. 하루의 방심은 곧바로 숫자로 드러나고 그 숫자는 결국 방향을 바꾼다. 부모님의 여러 사업 흥망성쇠를 지켜보며 한 가지는 분명히 알게 됐다. 사업은 하루하루의 태도가 그대로 결과로 돌아온다는 사실이다. 치열한 하루는 쌓이고 그 축적이 인생의 방향을 바꾼다.

여기서 많은 사람이 다시 갈림길에 선다. 개인 브랜드로 갈 것인가, 프랜차이즈를 선택할 것인가. 음식점을 하면 맛이 기본이고 학원을 하면 잘 가르치는 것이 기본이다. 하지만 기본은 출발선일 뿐이다. '내가 잘하면 고객은 알아서 온다'는 생각은 사업에서 가장 위험한 착각이다. 오픈 초반의 골든타임을 준비 없이 흘려보낸 가게는 대부분 회복하지 못한다.

프랜차이즈의 장점은 이미 검증된 시스템과 구조다. 레시피와 운영 방식이 표준화되어 있고 실패를 줄이기 위한 장치들이 갖춰져 있다. 다시 말해 프랜차이즈는 이미 여러 번 성공과 실패를 거치며 복제 가능한 구조를 만들어 놓은 모델이다. 반면 개인 브랜드는 모든 것을 스스로 설계해야 한다. 콘셉트, 디자인, 서비스, 운영 방식까지 하나라도 허술하면 경쟁에서 밀린다.

여러 사업을 거쳐 프랜차이즈로 전환한 한 사업가는 이렇게 말했다. 혼자 아이디어로 모든 것을 해결하려다 한계를 느꼈다고. 중요한 것은 개인 브랜드냐 프랜차이즈냐가 아니다. 지금 나의 역량과 상황에서 어떤 구조가 더 버틸 수 있는가다.

성공은 무에서 유를 만드는 데서 시작되지 않는다. 대부분은 이미 검증된 것을 자기 상황에 맞게 가져오고, 고치고, 반복하는 과정에서 만들어진다.

중국의 스티브 잡스라고 불리는 샤오미의 창업자 레이쥔(Lei Jun)은 스티브 잡스처럼 신제품을 소개할 때면 항상 무대에 청바지와 흰색 티셔츠 차림으로 올랐다고 한다. 그러나 그는 늘 이렇게 말했다.

"나는 잡스를 존경하지만 그를 흉내 내기 위해 사업을 한 것은 아니다. 나만의 방식으로 세상을 바꾸고 싶었다."

샤오미는 2024년 74조 원에 달하는 매출을 기록했다. 샤오미는 애플의 제품과 운영 방식을 철저히 벤치마킹하며 출발했지만 이후 자신만의 방식으로 시장을 확장해 나갔다. 처음에는 따라 했지만 결국은 구조를 이해했고 그 이해가 새로운 경쟁력이 되었다.

한 지역에서 오랫동안 유명했던 설렁탕집 사례도 비슷하다. 수십 년간 쌓아 온 비법을 가진 원조 가게는 승계를 준비하지 못했고, 그 주방에서 일하던 요리사는 같은 맛에 프랜차이즈화와 유통 구조를 더했다. 결과는 명확했다. 원조는 사라졌고 복제와 확장이 가능한 구조를 만든 후발 주자만 남았다.

이 사례들이 말해 주는 것은 단순하다. 중요한 것은 아

이디어의 최초가 아니라 지속 가능한 구조를 만들 수 있느
냐다. 겉모습만 흉내 내는 모방은 오래가지 못하지만 구조
를 이해하고 자기 것으로 만드는 복제는 강력한 전략이 된
다.

프랜차이즈라고 해서 자동으로 성공이 보장되는 것도
아니다. 시스템을 이해하지 못하면 똑같이 실패한다. 개인
브랜드 역시 철저한 준비와 운영이 뒷받침된다면 충분히
경쟁력을 가질 수 있다. 결국 어떤 선택을 하든 성패를 가르
는 것은 운영자의 판단과 실행이다.

창업은 생각보다 쉽게 시작할 수 있다. 하지만 살아남는
일은 전혀 다른 문제다. 그래서 말이 아니라 행동이다. 인생
의 방향을 바꾸고 싶다면 오늘부터 아주 작은 실행 하나를
현실로 옮겨야 한다.

"이 자리가 잘 될까요?"

"저 자리는 어떨까요?"

"좋은 자리 나오면 꼭 연락 주세요."

편의점 가맹 영업을 맡은 이과장님이 예비 점주들에게 가장 자주 듣는 말이다. 그때마다 돌아오는 대답은 늘 같다.

"그건 점주님에게 달려 있습니다."

상권이 좋은 자리는 분명 존재한다. 하지만 그 명당에서도 망하는 가게는 넘쳐난다. 자리가 좋다고 사업이 저절로 굴러가지는 않는다. 결과를 만들어 내는 사람은 언제나 경영자 본인이다.

자리를 탓하는 순간, 주도권은 밖으로 넘어간다. 실패의 원인을 환경에 두는 한, 사업은 앞으로 나아가지 못한다. 그래서 나는 사업의 성패를 가르는 기준을 세 가지로 정리했다.

목표 설정, 마인드셋, 그리고 실행력이다.

이 세 가지가 없으면 아무리 좋은 자리라도 버티지 못한다. 반대로 이 기준이 분명하다면, 불리해 보이던 자리에서도 길은 만들어진다.

첫째, 목표설정: 모든 선택의 시작점

자리를 고르기 전에 먼저 정해야 할 건 목표다. 가장 기본 질문은 하나다. 나는 얼마를 벌고 싶은가. 목표의 크기에 따라 입지, 비용, 경쟁 강도가 달라진다. 목표가 크면 큰 싸움을 각오해야 하고, 목표가 작으면 그에 맞는 선택을 하면 된다. 중요한 건 크기가 아니라 방향이다.

폴 J. 마이어(Paul J. Meyer)는 "목표를 명확하게 설정하면 그 목표는 신비한 힘을 발휘한다"라고 말했다. 그래서 순서는 늘 같다. 목표를 정하고, 목표에 맞는 입지를 고르고, 기한을 정한다. 이 순서가 바뀌면 사업은 흔들린다.

내가 사업을 시작했을 때도 그랬다

나 역시 처음에는 작은 공부방으로 시작했다. 하지만 목표는 분명했다. 1년 안에 학생 100명. 결과는 명확했다. 1년 후 학원으로 확장했고, 2년 뒤에는 더 크게 넓혔다. 규모가 커질수록 목표도 함께 커졌다.

돌이켜 보면 내가 버틸 수 있었던 이유는 단 하나였다. 늘 다음 목표가 있었다는 것. 목표가 없었다면 중간에 찾아온 고통과 좌절 앞에서 이미 포기했을 것이다. 목표가 있었기에 견딜 수 있었고, 그 과정이 나를 키웠다. 당시에는 온몸이 너덜너덜해진 기분이었지만, 시간이 지나 돌아보면 분명해진다. 그 시간이 나를 성장시켰다는 사실을.

목표가 없는 사람은 늘 제자리에 남는다

지사를 운영하다 보면 가맹 상담을 자주 한다. 내가 가장 먼저 던지는 질문은 늘 같다. 목표가 무엇이냐고 묻는다.

어떤 사람은 크게 욕심 없다고 말한다. 어떤 사람은 무조건 성공하고 싶다고 말한다. 말 한마디에 그 사람의 방향이 드러난다. 목표 없는 성공은 없다. 목표가 없는 사람은 결국 제자리에서 맴돌다 도태된다.

당신의 10년 전과 지금은 얼마나 달라졌는가. 앞으로의 10년은 지금과 다를 것 같은가. 만약 지금의 모습이 10년 전과 크게 다르지 않다면, 다시 목표부터 세워야 한다.

꿈을 적는 것만으로도 인생은 달라진다.

한 대학에서 꿈을 종이에 적은 집단과 그렇지 않은 집단을 20년간 추적한 연구가 있다. 결과는 분명했다. 꿈을 적은 집단은 연봉이 세 배 이상 높았고 사회적 지위 역시 더 높았다. 목표가 늘 눈앞에 있었고, 스스로에게 반복적으로 각인을 주었기 때문이다.

메이저리그에서 투수와 타자를 동시에 해내는 오타니

쇼헤이 역시 목표를 세부적으로 쪼개 실행했다. 그는 연꽃 기법을 활용해 하나의 목표를 중심으로 하위 목표를 확장했고, 그 시스템이 지금의 오타니를 만들었다. 목표는 생각이 아니라 구조다. 구조가 있을 때, 실행이 따라온다.

둘째, 마인드셋(mindset): 목표로 가는 돛

목표를 정했다면 그다음은 마인드셋이다. 마인드셋은 태도이자 인식이며 사고방식이고 세계관이다. 목표를 향해 나아가는 배의 돛과 같다. 돛이 약하면 배는 바람을 받아도 방향을 잃는다. 마인드셋이 단단하지 않으면 마음이 먼저 흔들린다.

성장형 사고방식 이론으로 잘 알려진 스탠퍼드대 심리학자 캐럴 드웩(Carol S. Dweck, Ph.D.) 교수는 "마인드셋이 모든 것을 결정짓는다"고 말했다. 사람들은 사물을 있는 그대로 보지 않고 자신이 어떤 사람인지에 따라 세상을 본다는 것이다.

낯선 길을 운전할 때 내비게이션이 있으면 불안이 줄어든다. 목적지까지의 거리와 방향이 선명하게 보이기 때문이다. 성공으로 가는 길도 마찬가지다.

마인드셋이라는 내비게이션을 장착한다면, 앞이 보이지 않아 헤매거나 막힌 길에서 되돌아 나와야 하는 순간에도 길을 잃지 않는다. 도착 지점이 어디인지 알고 있기에 불안감이 줄어드는 것이다. 결국 이 여정을 포기하지 않고 끝까지 완주하게 만드는 힘은 기술이나 환경이 아닌, 바로 마인드셋이다.

마음이 바로 서 있으면 넘어져도 다시 일어선다. 길을 잃어도 방향을 다시 잡는다. 끝까지 걷게 하는 힘은 의지보다 깊은 곳에서 나온다. 목표로 가는 돛은 기술이 아니라 태도다. 마인드셋이 서 있어야 배는 끝내 목적지에 닿는다.

셋째, 실행력: 결국 결단하는 사람이 이긴다

목표와 마음이 준비됐다면 남은 것은 오직 실행이다. 계획은 종이 위가 아니라 행동 속에서 완성되기 때문이다. 많은 이들이 실행을 미루는 이유는 능력이 부족해서가 아니다. 선택지 앞에서 망설이며 에너지를 소모하는 결정 장애의 무게가 너무 크기 때문이다.

결단하면 괴로움의 시간은 끝난다

내가 첫 사업을 밑바닥에서 시작하려 했을 때, 연년생 두 아이는 너무나 어렸고 공부방 입지를 찾는 일은 막막하기만 했다. "여기가 좋을까? 저기가 좋을까?" 고민하는 시간이 길어질수록 두려움의 고통도 함께 커졌다. 하지만 막상 입지를 결정하고 나니, 신기하게도 그 모든 의문이 사라졌다. 내 안의 질문이 바뀌었기 때문이다.

"이 사업을 해야 하나?"라는 망설임이 "어떻게 하면 이 사업을 잘 해낼까?"라는 확신 섞인 전략으로 변했다.

공부방에서 학원으로 확장할 때도 마찬가지였다. 늘어날 지출과 리스크 때문에 잠 못 이루던 밤들도, "확장하겠다"고 상가를 계약하는 순간 평온 해졌다. 결단은 나를 괴롭히던 불안을 실행으로 바꾸는 스위치였다.

실행의 습관을 키우는 4가지 장치

변화를 위한 행동의 단계를 하나씩 통과할수록 고민의 시간은 점점 짧아진다. 우리를 어둠 속에 붙잡고 있는 것은 상황이 아니라 아직 결정을 내리지 못한 내 마음이다. 그 마음을 강제로 움직이게 할 장치들을 설정해보자.

질문을 바꿔라: '할까 말까'라는 질문을 최대한 빠르게 '어떻게 잘할까'라는 생산적인 질문으로 바꾸는 순간, 실행은 시작된다.

환경 세팅하기: 눈에 보이는 곳에 목표와 계획을 둔다. 머릿속으로 리스크만 굴리는 시간을 물리적으로 차단해야 한다.

5분만 시작하기: 거창한 성공을 꿈꾸기보다, 당장 할 수 있는 아주 작은 행동으로 몸의 관성을 만든다.

말로 먼저 내뱉기: 목표를 입 밖으로 꺼내는 순간, 뇌는 그것을 지켜야 할 약속으로 인식하여 실행 확률을 비약적

으로 높인다.

　작은 실행이 쌓여 임계점을 넘으면, 그다음 변화는 훨씬 쉬워진다. 지금 당신을 괴롭히는 고민이 있다면, 그것을 끝내는 유일한 방법은 바로 지금 결단하고 움직이는 것이다.

사업에서 가장 위험한 상태는 실패가 아니다. 애매한 상태다.

"사람에 의존하는 조직은 성장할 수 없다. 시스템에 의존하는 조직만이 복제되고 확장된다." 마이클 거버(Michael E. Gerber)는 『E-Myth』에서 이렇게 말했다. 사업은 한두 번의 성공으로 끝나지 않는다. 문제는 그다음이다. 성공을 유지하고 확장하려면 결국 사람이 아니라 시스템이 사업을 굴려야 한다.

거리마다 로드숍 화장품 브랜드들이 넘쳐나던 호황기가 있었다. 너도나도 앞다투어 매장을 늘렸지만, 매장 관리와 서비스 기준이 시스템으로 정리 되지 않은 채 가맹점 수만 늘렸다. 그 결과 매장마다 서비스 품질이 달라졌고, 브랜드 신뢰는 무너졌다. 트렌드를 읽는 구조도, 일관된 운영 기준도 없었다. 한때의 성공은 오래가 지 못했다.

준비되지 않은 확장은 독이 된다. 로드숍 열풍이 사그라든 것은 단순히 유행이 변해서가 아니라, 덩치가 커지는 속도를 감당할 내부 시스템과 철학이 부재했기 때문이다. 나 역시 학원을 운영하며 200명, 300명으로 원생이 늘어갈 때마다 가장 경계했던 것이 바로 이 '시스템 없는 팽창'이었다.

이 이야기는 대기업만의 문제가 아니다. 소규모 자영업자 역시 다르지 않다. 주먹구구식 운영은 잠시 버틸 수는 있어도, 시간이 쌓일수록 반드시 한계를 드러낸다.

"Rome wasn't built in a day" 로마는 하루아침에 만들어지지 않았다.

모든 성과는 반복 가능한 구조 위에서만 유지된다.

강릉 안목해변의 테라로사는 확장의 속도보다 기준을 먼저 세운 브랜드다. 매장 수를 늘리기보다 로스팅, 공간, 서비스에 대한 내부 시스템을 먼저 만들었다. 그 결과 규모보다 밀도가 높은 브랜드가 됐다. 시스템이 있었기에 흔들리지 않았다.

사업은 결국 반복이다. 해보고, 틀리면 고치고, 다시 적용하는 과정이 쌓여 시스템이 된다. 이 구조가 없으면 노력은 소모로 끝난다.

애매함은 가장 빠른 하락 신호다

경향신문 보도에 따르면 지난해 외식업 폐업률은 20퍼센트를 넘어섰다. 수치보다 더 냉혹한 건 폐업 직전까지 버티는 가게들의 상태다. 바쁘지만 앞으로 나아가지 못한다. 움직이고는 있지만 방향은 없다. 이럴 때 사람들은 외부를 탓한다.

경기가 나빠서, 물가가 올라서, 임대료가 올라서, 경쟁 가게가 생겨서. 하지만 이 모든 것은 통제 불가능한 영역이다.

사장이 붙잡아야 할 질문은 하나다. '이게 내가 할 수 있는 최고치인가'

"오늘 하루쯤은 괜찮겠지", "오늘 하루쯤은…"

이 말이 반복되는 순간, 하락은 이미 시작된다. 주방이 조금 더러워도, 응대가 조금 무뚝뚝해도, 재료가 조금 덜 신선해도 사장에게는 하루가 반복이지만, 손님에게는 단 한 번이다.

그 하루가 그 가게의 전부가 된다.

실패한 사장들의 공통된 모습

외식업 프로그램에서 만난 한 분식집 사장은 하루 종일 가게에 매달려 있었다. 하지만 매출은 늘지 않았고, 표정은 점점 굳어 있었다. 현장을 본 전문가는 이렇게 말했다.

"솔루션보다 먼저 봐야 할 건 사장님의 상태입니다."

가게는 에너지가 흐르는 공간이다. 사장의 태도는 그대로 공간의 분위기가 된다. 나 역시 그런 가게에서는 오래 머물지 않는다. 메뉴판도 보지 않고 나온다. 돈보다 기분이 먼저다.

과거의 실패에 매여 있는 사장일수록 현재를 살지 못한다. 이미 끝난 일을 붙잡는 순간, 현재는 멈추고 미래는 좁아진다. 그래서 끊어야 한다.

과거가 현재를 붙잡기 전에.

기본이 무너지면 시스템도 무너진다

이 분식집의 첫 솔루션은 의외로 단순했다.

가게 문을 닫고, 주방을 정리하는 일. 기본은 언제나 출발점이다. 정리되지 않은 공간에서는 어떤 시스템도 오래 버티지 못한다. 성공한 사람들의 루틴에 정리가 빠지지 않는 이유다. 주변이 흐트러지면 생각이 흐트러지고, 생각이 흐트러지면 행동도 무너진다.

이 가게의 매출은 이후 다섯 배 이상 올랐다. 그러나 진짜 문제는 그다음이다. 잘되기 시작할 때 기본을 놓는 순간, 다시 원점으로 돌아간다. 방심은 가장 빠른 하락 신호다.

셀프 자각 체크리스트

아래 질문에 선뜻 '그렇다'고 답하지 못한다면, 지금이 점검 시점이다.

1. 내 공간은 늘 정리되어 있는가.

2. 내가 만든 규칙에 예외를 두지 않는가.

3. 나는 고객에게 좋은 기운을 주는 사람인가.

4. 같은 행동만 반복하고 있지는 않은가.

5. 매출은 장기적으로 우상향하고 있는가.

6. '이 정도면 됐다'는 생각이 들지는 않은가.

사업에서 필요한 것은 최선이 아니다. 최선은 나의 기준이다. 고객은 늘 그 위를 본다.

시스템이 없는 노력은 도박이고, 애매한 태도는 가장 빠른 패배의 신호다.

멈추지 말고, 최고를 기준으로 선택하라. 그 선택이 쌓일 때, 결과는 따라온다.

새해가 되면 유독 붐비는 곳이 있다. 철학관과 점집이
다.

올해는 잘 풀릴지, 작년보다는 나아질지. 누구나 자기
앞에 놓인 미래가 궁금하다. 나 역시 한때 호기심으로 점집
을 찾은 적이 있다.

무당은 생년월일을 적고 지나온 시간을 짚는다.

"이때 많이 힘들었겠네. 터를 옮기면 더 잘될 거야."

그 말을 들으며 문득 깨달았다. 내가 어떤 시간을 지나
왔는지, 어떤 선택으로 여기까지 왔는지를 가장 잘 아는 사

람은 결국 나 자신이라는 사실을. 앞으로의 미래 역시 마찬가지다. 가장 먼저 감지할 수 있는 사람은 언제나 당사자다.

무당은 남의 기운을 읽는다. 사업가는 자기 사업의 기운을 읽어야 한다.

사업은 숫자로만 움직이지 않는다. 고객의 말투, 직원의 표정, 공간의 공기, 매출의 미세한 변화. 이런 신호들은 숫자보다 먼저 나타난다. 이 흐름을 읽지 못하면 늘 한 발 늦는다. 반대로 먼저 읽는 사람만이 방향을 바꿀 수 있다.

나는 어디를 가든 공간을 유심히 본다. 맛은 좋은데 직원들이 퇴근을 재촉하는 식당, 손님 동선과 어긋난 출입문, 위생은 괜찮지만 분위기를 망치는 작은 행동들. 이런 가게들은 공통점이 있다. 서비스의 문제가 아니라, 흐름을 읽지 못하고 있다는 신호다. 작은 균열 하나가 브랜드 이미지를 무너뜨린다.

좋은 사업가는 사업장에 흐르는 기운의 변화를 알아차

리고, 즉시 손을 댄다.

이 감각은 책으로 배울 수 없다. 매일 부딪히고, 고치고, 반복하며 쌓인다. 경험이 쌓일수록 직관은 선명해진다.

그렇다면 사업가는 어떻게 이런 직관을 기를 수 있을까.

첫째, 숫자만 보지 않는다.

매출표와 데이터는 결과일 뿐이다. 현장에서 이미 신호는 먼저 나타난다. 손님 입장에서 생각해 보고, 직접 움직여 보고, 느껴봐야 한다. 그래야 숫자 뒤에 숨은 이유가 보인다.

둘째, 작은 변화를 그냥 넘기지 않는다.

사소한 변화는 늘 큰 변화의 시작이다. 매출이 줄기 전에는 표정이 먼저 바뀌고, 말투가 먼저 달라진다. "에이, 그럴 수도 있지" 하고 넘기는 순간 신호는 사라진다. 그 안에서 징조를 읽어야 한다.

셋째, 직원과 고객의 말을 흘려듣지 않는다.

불만은 귀찮은 소리가 아니다. 돈을 주고도 못 사는 힌트다. 그 말을 듣는 순간, 사업은 한 단계 자란다.

넷째, 자신의 상태를 점검한다.

사업장의 기운은 사장의 기운을 닮는다. 축 처진 태도로 성장을 기대할 수는 없다. 컨디션과 마음가짐까지 관리해야 한다.

무당은 말한다.
"이때는 조심해야 해."

사업가는 이렇게 말할 수 있어야 한다.
"지금 이 흐름은 바꿔야 한다."

오 년째 식당을 운영하던 한 사장님은 매출 하락의 신호를 느꼈지만 결정을 미뤘다. 결국 선택지는 줄어들었고, 상황은 더 어려워졌다. 사업에서는 미루는 판단이 가장 위험하다. 흐름이 바뀌었을 때는 여러 수를 동시에 두어야 한다. 그래도 반등이 없다면 정리까지도 냉정하게 검토해야 한다.

사업가는 점괘에 기대는 사람이 아니다. 자기 사업에서 나타나는 징조를 먼저 읽고, 먼저 움직이는 사람이다. 오늘의 흐름은 어떤지, 내 에너지는 어디로 향하고 있는지 스스로에게 묻는 사람이다.

남의 말보다 중요한 건 결국 자기 안의 판단이다. 그 판단이 흔들리지 않을 때, 선택도 흔들리지 않는다.

6

돈이 안 남는
사업에는 이유가 있다

"더 이상은 못 버텨…폐업 자영업자 100만 명 육박"

"자영업 폐업, 창업 앞질렀다…10곳 중 8곳은 문 닫아"

"어제는 사장, 오늘은 실업자…폐업 속출하는 자영업 현장"

자영업 폐업 기사는 이제 낯설지 않다. 누구나 꿈을 안고 시작하지만, 현실은 냉정하다. 사장은 아무나 될 수 있다. 하지만 그 자리를 끝까지 지키는 사람은 많지 않다. 문제는 노력의 양이 아니라, 구조를 알고 있는지다.

한 야식 전문점 사장의 이야기다.

월 매출은 5,000만 원, 겉으로 보기엔 잘되는 가게였다. 인건비와 재료비를 제외한 실이익률은 약 14퍼센트. 숫자만 보면 나쁘지 않았다. 그러나 대출 이자가 문제였다. 매달 빠져나가는 이자만 700만 원. 총대출액은 본인도 정확히 알지 못했다. 여러 곳에서 나눠 받은 대출이 쌓인 결과, 실제 손익은 매달 마이너스였다. 매출이 높아도 남는 돈은 없었다.

사장은 잘 벌고 있다고 착각하고 있었다. SNS에서는 똑똑한 사업가처럼 말했지만, 원가 구조와 현금 흐름은 전혀 관리되지 않고 있었다. 전문가는 이 가게에 '조건부 생존'이라는 진단을 내렸다. 매출이 유지된다는 전제 아래에서만 버틸 수 있는 구조였다. 매출이 조금만 흔들려도 무너질 수밖에 없는 상태였다.

찰스 다윈(Charles Robert Darwin)은 말했다.

"가장 강한 종이 살아남는 것이 아니라 변화에 가장 잘 적응하는 종이 살아남는다."

변화는 선택이 아니라 생존의 조건이다. 숫자를 보지 않는 사장은 방향을 잃는다.

이제 스스로에게 다섯 가지 질문을 던져야 한다.

사업의 성패를 가르는 5가지 질문

1. 상권과 고객 타겟은 정확한가
(Market Demand & Customer Target Settings)

'스타벅스 효과'라는 말이 있다. 스타벅스가 입점하면 주변 지역의 가치가 함께 상승한다는 의미다. 전철역이나 랜드마크가 들어서면 상권이 살아나듯 스타벅스가 들어오면 인근 상점의 매출이 증가하고 건물 임대료도 함께 오르는 현상에서 나온 말이다.

이런 말이 생긴 이유는 단순하다. 스타벅스는 감으로 자리를 고르지 않는다. 매장을 낼 때마다 철저한 상권 분석을 거친다. 그래서 창업을 준비할 때 가장 먼저 점검해야 할 것도 상권과 고객 타겟이다.

하버드 비즈니스 리뷰(HBR) 연구에 따르면 고객 타겟이 명확한 사업체는 그렇지 않은 곳보다 5년 이내 생존율이 두 배 이상 높다. 누구에게 팔 것인지가 분명할수록 오래 버틸 확률도 높아진다.

실력이 있어도 상권과 어긋나면 결과는 다르다.

→ 내 사업과 이 상권은 정말 맞는가

→ 타겟 고객의 연령대와 실제 유동 인구는 정확히 일치하는가.

2. 운영 스킬이 준비돼 있는가

(Entrepreneurial Skills)

사업자의 운영 스킬은 기술이 아니라 태도에서 시작된다. 돈을 버는 방법 이전에 무엇을 위해 이 일을 하는지에 대한 철학이 먼저 서야 한다. 그 위에 사고력, 문제 해결 능력, 리더십이 따라붙는다. 이 셋이 빠진 운영은 오래 버티지 못한다.

사업이 무너지는 가장 큰 이유 중 하나는 준비 부족이

다. 경험도, 지식도 충분하지 않은 상태에서 시작한 창업은 결국 운영 미숙으로 이어진다. 운영이 흔들리면 매출은 바로 반응한다. 장사는 감으로 버틸 수 있어도 사업은 그렇지 않다.

많은 사람이 착각한다. 열심히 하면 된다고, 열심히 하는 것과 잘 운영하는 것은 다르다. 방향이 틀린 성실은 손해를 키운다. 운영 스킬은 태도에서 시작되고, 배우지 않으면 늘지 않는다.

→ 나는 이 분야의 운영자라고 말할 수 있는가

3. 차별화된 방식이 있는가

(Differentiation Strategy)

경쟁은 이미 포화 상태다. 잘하는 것만으로는 부족하다. 고객이 기억할 만한 하나는 반드시 필요하다. 메뉴든, 서비스든, 경험이든.

→ 고객이 떠올릴 나만의 시그니처가 있는가

4. 순수익을 정확히 알고 있는가

(Financial Management)

매출이 아니라 남는 돈이 중요하다. 원가, 고정비, 이자, 감가상각까지 포함해 계산해야 한다. 숫자를 모르면 판단도 틀어진다.

→ 나는 매달 정확한 순수익을 계산하고 있는가

5. 플랜 비가 있는가

(Plan B)

모든 사업은 기울 수 있다. 그래서 잘될 때 다음 수를 준비해야 한다. 오프라인만 있다면 온라인을, 하나뿐이라면 확장을 고민해야 한다.

→ 위기가 왔을 때 움직일 수 있는 계획이 있는가

이 다섯 가지 질문 앞에서 확신 있게 답할 수 없다면, 지금은 확장이 아니라 점검의 시기다. 사장은 누구나 될 수 있다. 하지만 구조를 이해하는 사람만이 끝까지 남는다.

선택은 언제나 본인의 몫이다.

7

"나도 한번 해볼까"로 시작한 사업의 결말

카페에 미친 나라 대한민국

편의점과 치킨집을 합친 것보다 더 많은 대한민국 카페

"나도 카페나 해볼까"

누구나 한 번쯤은 꿈꾸지만 모두가 성공할 수는 없다

대박을 꿈꾸며 창업했지만

3년 안에 폐업할 확률 무려 52.6퍼센트

이 문구는 2024년 SBS 프로그램 〈손대면 핫플〉의 소개 멘트다.

카페 공화국이라 불릴 만큼 대한민국에는 카페가 넘쳐 난다. 대형 카페, 저가 커피 프랜차이즈, 인지도 높은 브랜 드까지 경쟁은 이미 포화 상태다. 이 안에서 평범한 개인 브랜드 카페는 출발선부터 불리하다.

실제로 2024년 한 해 동안 새로 문을 연 카페보다 문을 닫은 카페가 더 많았다. '카페나 해볼까'라는 가벼운 마음이 라면 시작하지 않는 편이 낫다. 그런 태도로는 오래 버티기 어렵다.

〈손대면 핫플〉에 소개된 한 개인 브런치 카페는 이 현실 을 그대로 보여 준다.

김모 씨의 가게는 일 매출 2만 원 수준이었다. 반경 안 에 카페만 26개, 그중 절반 이상이 저가 프랜차이즈였다. 상권은 이미 바뀌었고 유동 인구는 줄어들었다. 인테리어 는 카페라기보다 다방에 가까웠다.

모녀가 함께 운영한 지 1년. 매출은 없고 월세만 빠져나 갔다. 문제는 입지나 인테리어만이 아니었다. 가장 큰 문제는 사장의 태도였다. 매장 벽에는 '2시간 이용 제한', '노트북 사용 불가', '1인 1메뉴' 같은 문구가 붙어 있었다. 손님을 맞이하기보다 가려내고 있었다. 솔루션 팀은 단호했다. 지금은 손님을 가릴 때가 아니다. 사장이 의자에 앉아 있는 게 나은지, 손님이 세 시간 머무는 게 더 나은지 선택해야 한다고 했다. 김모 씨는 이유를 들었다. 어머니가 손님이 오래 앉아 있으면 불편해하신다는 말이었다. 이에 솔루션 팀은 이렇게 말했다.

이 가게의 사장은 누구인가. 결정권은 사장에게 있어야 한다. 갈등이 생긴다면 가족은 현장에서 빠지는 게 맞다.

이 장면을 보며 다시 확인했다. 성공한 사람에게는 이유가 있고, 실패한 사람에게는 핑계가 있다. 사업에서 핑계는 통하지 않는다. 결과는 오직 매출로 드러난다. 안 되는 이유를 환경이나 사람 탓으로 돌리는 순간, 문제의 본질은 흐려진다.

프로그램은 인테리어와 운영 전반에 대한 솔루션을 진행했다. 인터뷰에서 어머니는 과거 장사를 하며 겪은 고단

함을 털어놓았다. 딸이 같은 고생을 하지 않기를 바라는 마음이었다. 그러나 솔루션 팀의 답은 분명했다. 성공에 대한 경험을 물려주는 것이 더 중요하다. 각오 없이 시작한 사업은 버틸 수 없다. 김모 씨는 끝내 망설였다. 어머니의 영향에서 벗어나기 어렵다는 말만 반복했다.

그 순간, 결과는 이미 예고돼 있었다.

안일한 마음으로 시작한 사업은 결국 같은 결말로 향한다. 고객이 찾아올 이유를 만들지 않은 채, 사장의 태도조차 준비되지 않은 상태에서 시작한 창업은 오래가지 못한다. 사업은 각오의 싸움이다. 안정 궤도에 오를 때까지 하루도 긴장을 놓지 않겠다는 마음이 필요하다.

독하게 할 마음이 없다면, 차라리 시작하지 않는 편이 낫다.

살다 보면 누구나 예기치 않은 순간을 마주한다.

고객 앞에서 모욕을 당하고, 억울한 오해를 받고, 최선을 다했는데도 비난을 듣는다. 피하고 싶어도 이런 일은 반드시 찾아온다. 중요한 것은 사건 그 자체가 아니다. 그 일을 어떻게 해석하느냐다. 같은 사건도 누군가에게는 상처로 남고, 누군가에게는 성장의 출발점이 된다.

학원 원장은 학부모의 항의 앞에서 자존심이 무너졌지만, 그 일을 계기로 아이들의 안전 시스템을 전면 점검했다.

의류 매장 사장은 까다로운 손님을 통해 진열과 동선의

문제를 발견했다.

음식점 사장은 무례한 항의를 계기로 맛 관리가 느슨해졌다는 사실을 깨달았다.

회사원은 공개적인 질책을 통해 자신의 실수가 더 큰 사고로 이어질 뻔했다는 점을 뒤늦게 이해했다.

어린이집 원장은 억울함 속에서도 운영 방식을 바꾸었고, 시간이 지나 '세심한 원장'이라는 평판을 얻게 됐다.

상황은 달랐지만 공통점은 하나였다.

불행처럼 보였던 사건이 방향을 바로잡는 계기가 되었다는 점이다.

노자는 이렇게 말했다.

"재앙은 복이 기대어 있는 곳이고, 복은 재앙이 숨어 있는 곳이다."

지금의 불운이 반드시 불운으로 끝나지는 않는다. 그 의미는 시간이 지나며 바뀐다.

법륜 스님의 말도 같은 맥락이다.

"일어난 일은 일어난 대로 잘 된 일이다."

이미 벌어진 사건은 바꿀 수 없다. 그러나 그 사건을 바라보는 태도는 선택할 수 있다. 사건이 미래를 만드는 것이 아니라, 사건을 해석하는 태도가 미래를 만든다.

이 점을 설명하는 흥미로운 실험이 있다.

'고무손 착각(Rubber Hand Illusion)' 실험이다. 진짜 손 옆에 가짜 손을 두고 동일한 자극을 주면, 사람은 가짜 손을 자신의 손처럼 느낀다. 뇌는 현실과 해석을 명확히 구분하지 못한다. 우리는 현실을 있는 그대로 받아들이기보다, 각자의 인식 틀로 해석한다. 같은 사건이 전혀 다른 결과로 남는 이유다.

그래서 전화위복의 핵심은 감사다. 감사는 감정이 아니라 훈련이다. 이 훈련이 없으면 사람은 쉽게 부정의 회로에 갇힌다. 부정적인 사고가 반복되면 생각은 말이 되고, 말은 행동이 되며, 행동은 결국 결과를 만든다.

어려움 앞에서 활용할 수 있는 네 가지 원칙을 정리해 보자.

첫째, 충분히 아파하되 아파할 시간의 기한을 정한다.

둘째, 왜 이런 일이 일어났는지 원인을 분리해 본다.

셋째, 같은 상황이 반복되지 않도록 행동을 수정한다.

넷째, 그 안에서도 감사할 요소를 반드시 기록한다.

이 네 가지만 지켜도 삶의 방향은 달라진다. 같은 실패라도 누군가는 무너지고, 누군가는 단단해진다. 차이는 사건이 아니라 태도다.

실패를 두려워하지 말자. 그 안에 숨어 있는 신호를 읽을 수 있다면, 실패는 끝이 아니라 다음 단계로 넘어가기 위한 시나리오가 된다.

9

'월 15억 전국 1등 딜러 판매왕'으로 소개된 김준영 씨의 인터뷰를 본 적이 있다. 그는 이렇게 말했다.

"손님은 저에게만 오는 게 아닙니다. 조건이 비슷하면 결국 사람을 보고 결정합니다. 그래서 저는 계약 여부와 상관없이 작은 선물을 드립니다. 그리고 이렇게 말합니다. 오늘 인연이 되었으니, 나중에 지프 이야기가 나오면 저를 소개해 달라고요."

그가 1등이 된 이유는 친절 때문만은 아니다. 친절은 기본이다. 그 위에 기억에 남는 경험을 하나 더 얹었기 때문이다. 나 역시 여러 전시장을 다녀봤지만, 조건이 비슷했다면 따뜻한 인상을 남긴 사람에게 마음이 기울었을 것이다.

　많은 사장들이 이렇게 말한다.
　"맛이 좋으니까 오겠지."
　"잘 가르치니까 입소문 나겠지."
　"옷이 예쁘니까 팔리겠지."
　하지만 냉정하게 말하면 이 모든 것은 기본값이다. 기본만으로 선택받던 시대는 이미 끝났다. 기본 위에 무엇을 더 얹었는지가 성패를 가른다.

　우리나라에는 카페, 치킨집, 미용실이 넘쳐난다. 네 명 중 한 명이 사장인 시대다. 하지만 지난해 폐업 신고자는 100만 명에 육박했다. 기본조차 못 하는 가게는 물론이고, 기본만 하는 가게 역시 결국 밀려난다. 그렇다면 살아남는 사업의 차이는 어디에서 생길까. 대단한 아이디어가 아니라 아주 작은 차이다.
　아이리버가 장악하던 MP3 시장은 아이팟이 디자인과 사용 경험으로 바꿨고, 스타벅스는 커피를 파는 회사가 아니라 머무는 공간으로 기억되었다. 혁신처럼 보이지만 본질은 같다. 기본 위에 단 하나의 차이를 더했을 뿐이다. 자동차의 창업자 헨리 포드(Henry Ford)는 이렇게 말했다.

"우리가 필요로 하는 모든 것은 이미 그곳에 있었다."

차별화의 해답은 멀리 있지 않다. 지금 내가 하고 있는 일 안에 숨어 있는 경우가 대부분이다.

나 역시 학원을 운영하며 이 점을 절감했다. 잘 가르치는 것은 기본이었다. 대신 아이들의 생일을 기억하고, 작은 성취도 놓치지 않고 칭찬했다. 아이들은 관심 속에서 성장했고, 그 경험이 학원을 다시 찾게 만들었다. 거창한 전략이 아니라 사소한 선택의 반복이었다.

차별화의 핵심을 다섯 가지로 정리해 보자.

첫째, Difference

경쟁자와 다른 단 하나를 말할 수 있는가. 10초 안에 설명되지 않는 차별화는 존재하지 않는 것과 같다.

둘째, Detail

사소해 보이는 부분이 기억을 만든다. 프로는 디테일 앞에서 멈춘다.

셋째, Moving

만족은 잊히지만 감동은 남는다. 고객이 다시 돌아오는 이유는 감동이다.

넷째, Innovation

같은 방식으로는 다른 결과를 기대할 수 없다. 변화하지 않으면 밀린다.

다섯째, Visibility

아무리 진심이어도 고객이 느끼지 못하면 의미가 없다. 보여줘야 선택된다.

사람도, 사업도 기억에 남는 이유는 하나다. 다르기 때문이다.

10초 안에 말할 수 없는 차별화는 없다. 기본 위에 무엇을 더 얹었는지, 지금 당장 말해 보라.

그 답이 곧 당신 사업의 생존 가능성이다.

고객의 지갑은 이미 열려 있다

"40년 땅 파먹고 살았지만 여긴 듣도 보도 못한 음택이야.
악지 중악지다"
"저런데 잘못 손댔다가는 지관부터 이장한 사람까지 싸그
리 줄초상이야!"

2024년 천만 관객을 넘긴 영화 〈파묘〉에 나오는 대사
다.

영화는 한 묘지로부터 시작된다. 묘의 주인은 밤마다 가
위에 눌리고, 설명할 수 없는 소리에 시달린다. 그 불길함은
형에게, 자신에게, 갓난아이에게까지 번진다. 결국 할아버

지의 묫자리가 문제라는 사실을 알게 되고, 유명한 무당과 이장 전문가를 부른다. 그들이 땅을 살피며 묘를 옮겨야 할지 고민하는 장면에서 나온 말이 바로 이 대사다.

왜 갑자기 영화 이야기일까.

이 장면은 우리가 익히 알고 있는 하나의 믿음을 떠올리게 한다. 바로 풍수지리다.

풍수지리(風水地理)는 바람과 물의 흐름을 통해 공간의 길흉을 판단하는 개념이다. 집터나 묫자리의 좋고 나쁨을 가리는 일로 알려져 있지만, 사실은 그보다 훨씬 넓다. 자리가 주는 기운, 외관에서 풍기는 인상, 사람이 느끼는 첫 감각까지 포함한다.

미신이라고 치부할 수도 있다. 하지만 우리 사회에서 풍수지리는 여전히 강력하게 작동한다. 대기업이 사옥 부지를 고를 때 풍수를 고려하고, SK 서린빌딩 정문이 청계천을 향한 것도 그런 이유에서라는 이야기가 있다. 풍수는 단순히 땅의 문제가 아니라, 사람이 공간을 마주하는 방식과 연결되어 있다.

집을 볼 때 흔히 현관이 깨끗해야 복이 들어온다는 말을 한다.

현관은 그 집의 얼굴이다. 문을 여는 순간 그 집의 분위기가 한 번에 읽힌다. 입구에 신발이 뒤엉켜 있고 물건이 쌓여 있다면, 안을 들어가 보지 않아도 어떤 집일지 짐작이 간다. 나 역시 지인의 집을 방문했다가 어수선한 현관을 보고 잠시 발걸음을 멈춘 적이 있다. 괜히 안으로 들어가기 망설여졌던 기억이다.

이 지점에서 다시 〈파묘〉로 돌아간다.

묘를 잘 써야 자손이 잘된다는 말처럼, 상가 역시 자리가 중요하다. 그리고 그 자리의 첫 관문이 바로 입구다. 사람에게 첫인상이 있듯, 가게에도 첫인상이 있다.

상가의 입구는 고객이 처음으로 마주하는 얼굴이다. 문을 열기 전 단 몇 초, 그 짧은 순간에 고객은 들어갈지 말지를 이미 결정한다. 입구가 정돈되어 있고 깨끗하면 좋은 기운이 흐른다. 반대로 지저분하고 어수선하다면 그 가게는 들어가기 전부터 선택지에서 밀려난다. 고객의 지갑이 안에서 열리기도 전에, 입구에서 이미 닫히는 것이다.

'하나를 보면 열을 안다'는 말처럼 상가의 입구만 봐도 주인의 성향과 사업에 대한 태도가 드러난다. 매일 같은 공간을 보는 사람은 오히려 익숙함에 가려 문제를 놓치기 쉽다. 아래 체크리스트를 통해 한 번쯤 점검해 보자.

(1) 꺼진 조명이 없는가

실내조명과 간판조명부터 확인해야 한다.

몇 년 전 작은 카페를 운영하던 지인이 있었다. 인테리어에는 신경을 썼지만 간판은 늘 뒷전이었다. 어느 날 단골손님이 말했다.

"요즘 가게 문 닫은 줄 알았어요. 간판 불이 반쯤 꺼져 있더라고요."

그 말을 듣고 밤에 나가 확인해 보니 간판 일부 조명이 나가 있었다. 가게 이름이 또렷하게 보이지 않았고 얼룩진 간판 때문에 가게 전체가 낡아 보였다. 바로 수리를 했다. 이후 지나가던 사람들이 가게를 한 번 더 보게 됐고 원래 여기 뭐 하는 곳인지 몰랐는데 이제 눈에 들어온다는 말도 들었다.

간판 조명은 단순한 불빛이 아니다. 이 가게가 영업 중이라는 신호이고 살아 있는 공간이라는 메시지다. 특히 밤에는 간판이 가게의 얼굴이 된다. 정기적인 점검과 관리만으로도 첫인상은 달라진다.

(2) 불필요한 물건을 쌓아두지 않았는가

한때 맛집으로 소문났던 분식집이 있었다. 음식 맛은 좋았지만 입구 한쪽에 배달 박스가 쌓여 있었고 주방 옆에는 쓰지 않는 기계들이 그대로 놓여 있었다. 처음 온 손님들은 맛에는 만족했지만 공간이 답답해 오래 머물고 싶지 않다고 말했다.

그 말을 계기로 사장은 가게를 정리했다. 오래된 기기와 박스를 치우고 동선을 정리했다. 그 뒤 손님 수가 눈에 띄게 늘었다. 가게가 훨씬 넓고 쾌적해졌다는 반응이 이어졌다. 그제야 알게 됐다. 방치한 물건들이 손님의 경험을 방해하고 있었다는 사실을.

공간은 단순한 장소가 아니다. 정돈된 공간은 좋은 인상을 남기고 새로운 흐름을 만든다. 지금 가게 한쪽을 돌아보자. 필요 없는 물건이 있다면 과감히 정리해야 한다. 들어올 복의 자리를 비워 두는 일이다.

특히 식당 입구나 홀에 식자재 박스나 음료 박스를 쌓아 두는 경우가 많다. 홍보 목적이 아니라면 손님 눈에 보이지 않는 곳으로 옮겨야 한다. 시선을 복잡하게 만드는 물건은 즉시 치워야 한다. 오래된 잡동사니는 결국 좋은 흐름을 막는다.

(3) 청결과 정리는 모든 것의 기본이다

청결은 태도를 드러낸다. 주변이 흐트러져 있다면 마음도 흐트러져 있을 가능성이 크다. 한 정신건강의학과 전문의는 정리와 청소가 스트레스를 줄이고 심리적 안정감을 준다고 말한다. 공간이 정돈되면 기분이 달라지고 자신감도 올라간다. 그 변화는 다시 행동으로 이어진다.

식당이라면 주방이 가장 중요하다. 특히 오픈 주방은 고객의 시선에 그대로 노출된다. 한 지인은 결혼기념일에 큰맘 먹고 고급 오마카세 초밥집을 찾았다. 그러나 들어서자마자 바닥의 벗겨진 마감과 기름때가 낀 주방이 먼저 눈에 들어왔다. 반짝여야 할 주방 기구는 거무스름했고 밀폐용기와 그릇도 얼룩져 있었다. 맛을 보기 전부터 비위가 상했다. 결국 음식을 다 먹지 못하고 나왔다. 값보다 더 아쉬웠던 건 기분이었다.

고객은 아무리 맛있어도 더러운 음식은 먹고 싶어 하지 않는다. 주변 환경이 깨끗하면 사람은 편안해지고 동기부여도 높아진다. 주방이든 사무실이든 기본은 같다. 청결이다. 기본을 지키지 않으면서 장사가 잘되길 바라는 건 운동 한 번 하지 않고 살이 빠지길 바라는 것과 다르지 않다.

첫인상은 '느낌'이 아니라 '판단'

첫 인상은 3초 안에 결정된다는 말이 있다. 어떤 연구에서는 0.1초 안에도 첫인상이 형성된다고 말한다. 사람들은 그 짧은 순간에 상대의 성격과 태도를 미리 짐작하고 판단한다. 소개팅에서도 첫인상 하나로 호감이 단번에 올라가거나 내려간다. 사업도 다르지 않다. 사업주나 직원의 이미지가 호감형이면 긍정적인 영향을 주고, 비호감형이면 그 반대의 결과를 낳는다.

첫 인상이 중요한 이유는 고객이 처음 느낀 감정이 오래 기억에 남기 때문이다. 재방문은 결국 기억에서 시작된다. 한 식당에 밥을 먹으러 갔다고 생각해 보자. 음식 맛도 괜찮고 분위기도 나쁘지 않다. 그런데 주인의 표정과 말투가 퉁명스럽다. 주문 하나 하는 것도 괜히 눈치를 보게 된다. 굳이 내 돈을 내고 불편한 공간에 머물고 싶지는 않다. 다음에 다시 갈 이유도 사라진다.

여기서 말하는 인상은 잘생겼다 못생겼다의 문제가 아니다. 외모가 아니라 태도다. 인상은 충분히 바꿀 수 있다. 말투도, 표정도, 자세도 고칠 수 있다. 실제로 인상을 결정짓는 요소 중 약 87퍼센트는 시각적인 요소라고 한다. 표정, 자세, 복장, 손짓 같은 작은 요소들이 모여 첫 인상을 만든다.

시각만 중요한 것은 아니다. 향기는 감정을 직접 건드린다. 사람의 감정은 오감의 영향을 받는다. 고객은 돈을 쓰는 순간만큼은 기분 좋기를 바란다. 아무리 인테리어가 좋고 분위기가 괜찮아도 들어서는 순간 불쾌한 냄새가 난다면 좋은 인상을 주기는 어렵다.

치킨집 앞을 지나가다 튀김 냄새에 발길이 멈춘 경험은 누구나 있을 것이다. 후각은 식욕을 자극하고 행동을 바꾼다. 교보문고가 향기 마케팅으로 유명한 이유도 여기에 있다. 매장 콘셉트에 맞는 향을 활용해 체류 시간을 늘리고 책 구매량을 높였다.

그래서 사업가는 항상 후각적인 요소까지 점검해야 한다. 지금 내 가게에서는 어떤 냄새가 나는가. 기름 냄새, 눅눅한 냄새, 묵은 냄새는 없는가. 고객이 머무르고 싶어지는 향인가, 빨리 나가고 싶어지는 냄새인가.

냄새 나는 사람과 향기 나는 사람.
고객은 고민하지 않는다.

모든 사업에는 운영 시간이 정해져 있다. 하지만 그 시간은 고객에게 적용되는 기준이지, 사장의 하루를 규정하는 시간은 아니다. 사장이 고객과 같은 시간에 출근하고 같은 시간에 준비를 시작한다면 실수는 필연적으로 생긴다.

이모 씨는 어느 식당에 밥을 먹으러 갔다. 먹고 싶었던 메뉴를 주문했지만 지금은 주문이 어렵다는 답이 돌아왔다. 다른 메뉴를 골랐더니 그것도 안 된다고 했다. 답답한 마음에 "그럼 되는 메뉴가 뭔가요"라는 말이 나왔다.

프랜차이즈 식당이었고 사장은 발주를 미처 하지 못했

다고 설명했다. 사장에게는 어쩌다 한 번의 실수였을지 모른다. 하지만 손님에게 그 하루는 단 한 번의 방문이다. 첫 방문이 곧 마지막 방문이 될 수도 있다. 손님에게 사장의 사정과 핑계는 중요하지 않다. 안 되면 다른 식당에 가면 그만이다.

학원도 마찬가지다. 학생들이 오는 시간은 대부분 하교 이후다. 그런데 아이들이 올 시간에 맞춰 문을 여는 원장이 있다. 심지어 불이 꺼진 학원 앞에서 아이들이 기다리고 있는 장면도 보였다. 아이를 데려다주던 학부모는 당황할 수밖에 없다. 이 역시 원장에게는 한 번의 실수일 수 있다. 하지만 학부모의 기억에는 '준비 안 된 학원', '게으른 원장'으로 남는다.

이처럼 고객을 맞을 준비가 사전에 되어 있지 않으면 고객의 기대를 충족시킬 수 없다. 열 가지를 잘해도 단 하나의 준비 부족 때문에 사과를 해야 하고, 그 사과는 곧 부정적인 이미지로 이어진다. 그렇게 되면 사장은 자신의 기준으로 사업을 이끄는 사람이 아니라 고객의 불만과 요구에 끌려

다니는 사람이 된다. 사업체의 색도 점점 사라진다.

"사업을 좌우하여라. 사업에 의해 좌우되어서는 안 된다."

자기관리와 실천을 평생의 원칙으로 삼았던 벤저민 플랭클린의 철학이다. 사업 역시 태도가 방향을 만든다.

우아하게 떠 있는 백조를 보면 수면 아래에서는 끊임없이 발을 움직이고 있다. 사업도 같다. 고객이 보지 않는 시간에 얼마나 준비했는지가 고객 앞에 섰을 때의 품격을 만든다. 보이지 않는 순간까지 최선을 다하는 사장만이 고객 앞에서 여유롭고 우아할 수 있다.

"God is in the details"

신은 디테일에 있다는 독일의 한 건축가가 남긴 말이다. 우리나라에는 비슷한 뜻의 격언이 있다. '개미구멍에 방죽 무너진다'

이 말들이 공통으로 말하는 것은, 결과를 결정짓는 것은 언제나 사소해 보이는 작은 부분이라는 사실이다. 나사 하나가 빠지면 제품은 멈추고, 작은 균열 하나가 구조 전체를 흔든다. 큰 그림은 어느 날 갑자기 완성되지 않는다. 작은 선택들이 쌓여 결과를 만든다.

사업도 마찬가지다. 차별화는 거창한 아이디어에서 시작되지 않는다. 작고 사소한 것에 얼마나 집요하게 신경 쓰느냐에서 갈린다. 승자가 되는 사업주는 기본에 충실하다. 그러나 거기서 멈추지 않는다. 기본 위에 디테일을 더한다. 같은 상품을 팔아도 경험을 다르게 만든다.

한 술집은 소주 매출이 가장 높다는 사실에 주목했다. 상품을 바꿀 수 없다면 경험을 바꾸자는 판단이었다. 손님의 띠를 묻고 그에 맞춘 소주잔을 제공했다. 소주는 같았지만 반응은 달라졌다. 또 다른 닭갈비 식당은 생일에 방문한 고객에게 한 접시를 무료로 제공했다. 비용은 크지 않았지만 기억은 오래 남았다. 디테일은 비용의 문제가 아니라 태도의 문제다.

사업은 100에서 1을 빼면 99가 아니라 0이 된다는 말이 있다. 99퍼센트를 잘해도 단 1퍼센트의 실수로 신뢰는 무너진다.

스탠퍼드대 심리학자 필립 짐바르도(Philip George Zimbardo) 교수의 '깨진 유리창 법칙(Broken Window Theory)' 실험은 이를 잘 보여 준다. 작은 무질서를 방치한 공간은 빠르게 더 큰 무질서로 번졌다. 사소한 방임은 결국 구조 전체를 흔든다. 이 원리는 사업 운영에도 그대로 적용된다.

고객의 인식은 아주 작은 디테일에서 시작된다. 한 번은 유명 프랜차이즈 매장에서 주문을 했는데, 직원들은 잡담에 몰두해 있었고 주문한 음료는 잘못 나왔다. 음료 실수보다 더 불편했던 건 처음 마주한 태도였다. 그 순간 이 매장은 관리가 느슨하다는 인식이 생겼고, 이후 모든 경험이 부정적으로 보이기 시작했다.

제품과 가격이 비슷하다면 고객은 경험이 더 나은 쪽을 선택한다. 디테일로 우위를 점하는 사업만이 오래 살아남는다. 이건 우연이 아니라 반복된 관찰과 개선의 결과다.

많은 사업주가 어느 정도 궤도에 오르면 신규 고객 확보에만 집중한다. 그 과정에서 기존 고객을 놓친다. 하지만 파레토의 법칙(Pareto's Low, 80:20)이 말해 주듯, 상위 20퍼센트의 단골이 매출의 80퍼센트를 만든다. 좋은 경험을 한 고객은 세 명에게 이야기하고, 나쁜 경험을 한 고객은 일곱 명에게 불만을 전한다.

여성 의류 매장을 운영하는 이준희 씨는 매출이 흔들리자 단골에 집중했다. 생일 쿠폰을 보내고 취향에 맞는 상품을 추천했다. 작은 서비스가 쌓이자 방문 빈도가 높아졌고 매출은 다시 상승했다. 특별한 전략이 아니라 디테일의 반복이었다.

디테일은 감각이 아니라 시스템이다. 관찰하고, 기록하고, 고치고, 반복하는 구조다.

매출의 대부분은 오늘도 당신 가게 문을 열고 들어온 그 단골에게서 나온다. 그 사실을 잊는 순간, 디테일도 함께 무너진다.

사람의 생각은 말로 전달된다. 말은 태도를 만들고 태도
는 관계를 만든다. 사람과 사람 사이의 의사소통이 무너지
면 결국 모든 관계는 흔들린다. 사업도 다르지 않다. 사장은
고객을 대하는 말뿐 아니라 함께 일하는 직원의 입에서 나
오는 말까지 관리해야 한다. 말이 곧 태도이기 때문이다. 모
든 일은 말하는 대로 흘러간다. 그래서 사장도 직원도 올바
른 말투로 생활해야 한다.

요시다 유키히로 저자의 『이익을 내는 회사는 사장의
말투가 다르다』에서는 이익을 내는 회사와 그렇지 못한 회

사를 가르는 근원이 바로 사장의 말투라고 말한다.

사장의 경영 철학에서부터 조직의 분위기, 회의 방식, 업무 지시까지 회사에서 일어나는 거의 모든 일은 사장의 말에서 시작되기 때문이다. 만약 지금 매출이 떨어지고 있다면 직원에게 어떤 말투로 말하고 있는지부터 돌아보라.

그렇다면 어떤 말투가 직원과의 신뢰를 쌓고 올바른 팀워크를 만드는 데 도움이 될까. 몇 가지 원칙을 정리해 보자.

첫째, 반말을 하지 않는다.

아무리 나이가 어리더라도 "○○야" "야"라고 부르는 것은 매우 위험하다. 누구나 존중받고 싶어 한다. 말투가 무너지는 순간 관계의 균형도 함께 무너진다.

둘째, 직원의 말을 끊지 않는다.

사장이라고 해서 직원이 의견을 말하거나 서운한 점을 이야기할 때 중간에 말을 자르거나 듣는 척만 해서는 안 된다. 말을 끊는 행동은 상대에게 무시당했다는 감정을 남긴다. 우선 끝까지 듣고 '왜 이런 말을 하는 걸까'를 먼저 생각해야 한다.

셋째, 직접적인 비난과 부정적인 표현을 삼간다.

"이렇게밖에 못 해요" "항상 실수하네요" "이렇게 하시면 곤란합니다" 같은 말은 문제를 해결하기보다 관계를 망가뜨린다. 모든 직원이 사장의 기준에 맞게 일할 수는 없다. 만약 그 정도 역량이라면 그 사람은 이미 창업을 했을 것이다. 부족한 부분은 구체적으로 알려 주고 올바른 방향을 제시하면 된다.

직원의 행동을 지적하며 개선을 원할 때는 '나 전달법(I-message)'을 사용하는 것이 효과적이다. 나 전달법은 상대를 비난하는 대신 그 행동으로 인해 내가 느낀 감정을 중심으로 의사를 전달하는 방식이다.

예를 들어 지각이 잦은 직원이 있다면 이렇게 말할 수 있다.

"출근 시간이 9시인데 요즘 계속 늦는 것 같아요."

"그로 인해 오픈 준비가 늦어져서 어려움을 느낍니다."

"앞으로는 출근 시간을 지켜주면 정말 좋겠습니다."

이 방식은 "지각하지 마세요"라는 명령보다 상대에게 책임감을 느끼게 하고 스스로 돌아보게 만든다.

넷째, 감사 표현이다.

사업을 시작한 사람은 사장이지만 매출과 성장을 함께 만들어 가는 것은 직원이다. '내가 잘해서 여기까지 왔다'라는 생각보다 함께 버텨 주고 역할을 해준 직원에게 적절한 감사를 표현하는 것이 중요하다. 감사는 직원에게 가장 강력한 동기부여가 된다.

한 편의점에서는 '직원 칭찬 스티커' 제도를 운영한다. 친절한 응대를 받은 고객이 스티커를 붙여 주면 그에 따른 작은 보상이 주어진다. 단순한 제도지만 효과는 분명하다. 아르바이트를 시작한 채민 씨는 이 제도 이후 출근할 때 기분이 달라졌고 물건 관리와 고객 응대에도 더 신경 쓰게 되었다고 말한다. 시간을 보내는 일이 아니라 가게가 잘되기를 바라는 마음이 생겼다는 것이다.

사업을 확장하려면 혼자서는 한계가 있다. 결국 직원을 채용해야 한다. 직원은 사업주를 대신해 현장을 책임지는 사람이고 직원의 행동은 사장의 관리 역량이 드러난 결과다. 직원이 실수했다면 그것은 직원 개인의 문제가 아니라 사장의 관리 문제다. 모든 책임을 직원에게 돌리는 순간 이 사업의 주인이 누구인지 다시 묻게 된다.

가장 기본적인 마케팅과 홍보 방법에는 간판, 배너, 현수막, 아파트 전단지 부착, 아파트 게시판 광고, SNS 홍보, 온라인 홈페이지 광고 등이 있다. 홍보와 마케팅은 어느 한 가지 방법만으로 소비자의 눈에 띄기 어렵다. 여러 방식을 병행할 때 고객의 시선을 끌 확률이 높아진다.

시끄러운 파티장에서 여러 사람이 떠들고 있으면 대화 내용을 알아듣기조차 어렵다. 그런데 누군가 "○○야" 하고 자신의 이름을 부르면 자연스럽게 뒤를 돌아보게 된다. 이것이 바로 칵테일 파티 효과(cocktail party effect)다. 칵테일 파티 효과란 여러 사람이 떠들고 있는 복잡하고 시끄러운 환경 속에서도 자신에게 중요한 정보, 예를 들어 자기 이름이나 관심사는 또렷하게 인식되는 현상을 말한다.

사람은 누구나 자신의 관심사 밖의 일에는 쉽게 주의를 기울이지 않는다. 그래서 새로운 가게가 오픈해도, 상호가 바뀌어도 그 자리에 가게가 있다는 사실조차 모르는 경우가 많다. 이런 사람들의 관심을 끌기 위해서는 홍보가 필수다. 특히 고객이 관심을 가질 만한 지점을 정확히 건드려 주면 자연스럽게 귀를 기울이게 된다.

스타벅스에서 음료를 주문하면 고객의 닉네임이나 이름을 불러 주는 사례가 있다. 이것 역시 칵테일 파티 효과를 활용한 대표적인 마케팅이다. 또한 업체의 이미지를 구축하고 신뢰도를 높이기 위해서는 지속적인 홍보가 중요하다. 소비자의 눈에 자주 노출되면 무언가 필요해지는 순간, 그 브랜드가 무의식적으로 떠오르게 된다. 단순한 반복 노출이 아니라 일관된 메시지를 지속적으로 전달할 때 소비자의 무의식 속에 브랜드의 정체성이 각인된다.

대표적인 예로 '코카콜라'가 있다. 코카콜라는 100년이 넘는 시간 동안 건강에 좋지 않다는 탄산음료의 이미지와는 달리 '가족', '행복', '친근함' 같은 감성적 메시지를 꾸준히 소비자에게 전달해 왔다. 그 결과 코카콜라는 단순한 음료가 아니라 하나의 문화와 상징으로 자리 잡았다.

지역 사례도 있다. 지난번 대전에서 세미나 일정이 있어 방문한 적이 있다. 마침 성심당 근처에서 세미나가 열려 '이번에는 꼭 빵을 사 먹어야겠다'는 생각이 들었다. 세미나가 끝난 뒤 빵집을 찾았는데 이미 긴 줄이 늘어서 있었다. 성심당은 1956년 대전역 앞 작은 제과점으로 시작했다. "빵에는 철학이 있어야 한다"라는 창업자의 신념 아래 프랜차이즈화하지 않고 직접 운영하며 맛과 품질을 고수해 왔다. 그 결과 입소문이 퍼지고 방송과 SNS를 통해 확산되며 단순한 빵집을 넘어 대전을 대표하는 관광 명소로 자리 잡게 되었다.

이처럼 자신의 사업 특성에 맞는 일관된 메시지를 브랜드의 철학과 함께 소비자에게 꾸준히 전달하는 것이 중요하다. 홍보는 단기간의 성과를 내기 위한 행동이 아니라 고객의 머릿속에 이미지를 쌓아 가는 과정이다. 소비자가 알지 못하면 찾아올 수 없는 것은 당연한 이치다. 그래서 소비자가 모르면 존재하지 않는 것이다. '나만 알고 싶은 가게'라는 말은 손님이 할 말이지 사장이 할 말은 아니다.

절실하지 않으면
끝까지 못 간다

플라톤의 동굴 우화는 익숙한 이야기다. 사람들은 어둠 속에 묶인 채 그림자를 현실이라 믿는다. 진짜 세상을 본 사람이 돌아와 설명해도, 동굴 안에 남은 이들은 받아들이지 않는다. 변화가 없었기 때문이다.

이 우화가 말하는 핵심은 '각성'이 아니라 '지속'이다. 동굴을 한 번 나오는 것으로는 아무것도 바뀌지 않는다. 바깥에 계속 머물러야 시야가 달라진다.

사람은 본능적으로 익숙한 상태로 돌아가려 한다. 늘 하던 방식, 늘 보던 사람, 늘 가던 길은 에너지를 적게 쓰게 해준다. 문제는 이 편안함이 오래 지속될수록 성장은 멈춘다는 점이다. 변화는 결심이 아니라 반복에서 만들어진다. 한 번의 선택이 아니라, 멈추지 않는 시간이 결과를 만든다.

서로 다른 길을 선택한 두 사람의 이야기를 보자.

한 사람은 회사에 다니며 일과 삶의 균형을 중시했다. 근무 시간이 끝나면 일에서 완전히 벗어났고, 주말은 휴식에 썼다. 특별히 잘못된 선택은 아니다. 다만 그는 그 상태를 10년 동안 유지했다.

다른 한 사람은 처음 사업을 시작한 뒤 생활 전반을 사업에 맞췄다. 영업시간이 아니어도 준비했고, 매출이 없는 날에도 같은 시간에 출근했다. 주말과 평일의 구분은 없었다. 중요한 건 열심히 했다는 사실이 아니라, 그 리듬을 끊지 않았다는 점이다.

10년 후 결과는 명확했다. 차이는 재능도, 운도 아니었다. 지속 시간의 차이였다.

여기서 작동한 개념이 바로 여키스 도슨 법칙(Yerkes-Dodson law)이다. 적절한 긴장과 압박이 있을 때 수행 능력이 유지된다. 사업에서 가장 위험한 상태는 실패가 아니다. 긴장이 사라진 상태, 즉 멈춤이다. 멈추는 순간부터 성과는 눈에 띄지 않게 하락한다.

사업은 단거리 경주가 아니다. 속도가 아니라 지속 가능성의 문제다. 초반에 잘 나가는 가게보다 무서운 것은, 매일 같은 시간에 같은 기준으로 운영되는 가게다. 시장은 화려한 시작보다 오래 버틴 쪽을 선택한다.

변화는 한 번의 결심으로 완성되지 않는다. 계속 움직일 수 있는 구조를 만들지 못하면 결국 원래 자리로 돌아온다. 그래서 지속을 위해 필요한 것은 의지가 아니라 환경이다.

- **계속 나가게 만드는 일정**
- **빠지면 손해가 되는 책임**
- **쉬지 않아도 되게 만드는 루틴**

이 중 하나라도 없으면 멈춘다.

편안하게 성공할 수는 없다. 편안한 상태로 부를 쌓는 일 역시 거의 불가능하다. 시시각각 빠르게 변하는 세상에서 도태되지 않으려면 변화해야 한다. 변화를 만들기 위해서는 행동이 필요하고 행동에는 반드시 노력이 따른다. 그래서 변화를 선택한 사람에게 기회가 찾아온다.

Change(변화)에서 'g'를 'c'로 바꾸면 Chance(기회)가 된다. 변화의 순간마다 기회는 함께 온다.

'아무것도 바꾸지 않으면 아무것도 변하지 않는다'라는 토니 로빈스(Tony Robbins)의 말처럼 새로운 취미를 가져보고 새로운 사람을 만나고 늘 가던 길이 아닌 다른 길로 걸어보자. 직장에 다니고 있다면 월급만큼만 일하겠다는 생각부터 내려놓자. 지금의 일은 단순한 생계가 아니라 앞으로 열릴 문을 찾아가는 과정이라고 생각하고 최선을 다해 보자. 그리고 지금 이 순간 나에게 물어보자.

'지금 변화를 선택한다면 앞으로의 나는 어떤 모습으로 되어 있을까'

하루하루는 크게 달라 보이지 않는다. 그러나 멈추지 않은 하루는 반드시 방향을 만든다. 크게 바꾸지 않아도 된다. 다만 중단하지는 말아야 한다.

사업이든 일상이든, 멈추는 순간 게임은 끝난다.

친구와 대화를 나누던 중이었다. 친구의 딸이 밝은 얼굴로 달려와 말했다.

"엄마, 두세 개 틀렸는데 90점 넘었어요."

그 아이는 그 과목에서 한 번도 90점을 넘겨 본 적이 없었다. 충분히 기뻐할 만한 순간이었다. 그러나 친구의 첫마디는 달랐다.

"뭐가 틀렸는데."

그 순간 아이의 표정이 미묘하게 굳었다. 잘해 냈다는 사실보다 부족한 점이 먼저 평가받는 순간이었다. 이 장면은 사고방식 하나가 사람의 태도와 이후의 행동까지 어떻게 바꾸는지를 단적으로 보여 준다.

물이 반쯤 담긴 컵을 보며 어떤 이는 '반밖에 안 남았다'고 말하고, 어떤 이는 '반이나 남았다'고 말한다. 상황은 같다. 해석만 다르다.

생각은 감정을 만들고, 감정은 행동을 만들며, 행동은 결국 결과로 이어진다. 같은 상황에서도 어떤 사람은 계속 나아가고, 어떤 사람은 그 자리에서 멈춘다. 그 차이를 만드는 것이 바로 사고의 유연성이다.

유연한 사고란 무조건 긍정적으로 생각하는 태도가 아니다. 상황을 한 방향으로만 해석하지 않고, 다른 선택지를 동시에 열어 두는 힘이다. 이 힘이 없으면 사람은 작은 실패 앞에서도 쉽게 멈춘다. 반대로 사고가 유연하면 실패를 이유로 멈추지 않고, 방향을 조정하며 계속 갈 수 있다.

사람은 자신이 자주 사용하는 말에 가장 먼저 영향을 받는다. 타인을 향한 말은 결국 자기 자신에게 되돌아온다. 늘 부족함부터 지적하는 사람은, 자기 삶에서도 같은 방식으로 자신을 몰아붙인다. 그러다 보면 시도 자체가 줄어든다. 시도가 줄어들면 지속은 불가능해진다.

유연한 사고는 창의성으로 이어진다. 창의성은 특별한 재능이 아니라, 실패를 다른 각도에서 다시 보는 능력이다. 새로운 해답은 한 번에 나오지 않는다. 대부분은 여러 번의 수정과 방향 전환 끝에 만들어진다. 그 과정을 견디게 하는 힘이 바로 사고의 유연성이다.

'나는 안 될 것 같다'는 생각은 가능성을 닫는 말이다. 반면 '지금은 이 단계일 뿐이다'라는 해석은 다음 행동을 남긴다. 이 차이가 쌓이면 결과는 전혀 다른 방향으로 흘러간다. 멈추는 사람과 계속 가는 사람의 차이는 능력이 아니라 해석의 방식이다.

Impossible에 점 하나만 찍어도 I'm possible이 된다.

스스로에게 '괜찮아', '잘했어', '할 수 있어'라고 말해 보자.

유연한 사고는 자신을 방치하는 태도가 아니다. 오히려 스스로를 다시 움직이게 만드는 사고 구조다. 잘한 점을 인정하고, 부족한 점을 조정하며, 다음 행동으로 이어 가는 힘. 이 힘이 있어야 장기전에서 버틸 수 있다. 결과를 바꾸고 싶다면 행동보다 먼저, 생각의 굳은 틀부터 점검해야 한다.

멈추지 않는 사람들의 공통점은 상황이 아니라 해석을 바꾼다는 점이다.

사람은 같은 상황에서도 전혀 다른 결과를 만든다. 그 차이는 환경보다 해석에서 시작된다. 의학에서 말하는 '플라시보 효과(placebo effect)'는 가짜 약을 진짜라고 믿을 때 실제 반응이 나타나는 현상이다. 반대로 부정적인 기대가 증상을 키우는 '노시보(nocebo) 효과'도 있다. 결국 마음이 현실을 바꾸기도 하고, 현실을 더 어렵게 만들기도 한다는 뜻이다.

이 차이는 말에서 드러난다.

"힘들어", "짜증 나", "이게 될까", "그때 그렇게 했어야 했는데"

이런 말을 반복하면 생각이 멈추고, 행동도 멈춘다. 반대로

"해보고 싶다", "다음엔 더 잘하면 된다"

이런 말은 계속 움직이게 만든다.

하지만 여기서 중요한 건 '긍정'이 아니다. 간절함을 행동으로 끌어내는 구조다. 잘되고 싶다는 마음만으로는 버티지 못한다. 머릿속 상상이 아니라, 매일의 반복을 붙잡는 장치가 필요하다. 간절함을 현실로 만드는 순서는 단순하다.

첫째, 목표를 정한다.

둘째, 기한을 정한다.

셋째, 그 목표를 진심으로 염원한다.

넷째, 목표와 연결된 행동을 반복한다.

이 순서가 흔들리면 사람은 쉽게 미룬다. 다짐은 커도, 생활은 금방 원래대로 돌아가기 때문이다. 그래서 목표는

'마음속 소망'으로 두면 약해진다. 기한이 있는 목표가 되어야 하고, 반복을 만드는 계획이 붙어야 한다.

간절함을 지키는 방법은 거창하지 않다. 하루가 끝날 때, 내일 할 행동 하나를 정해 둔다. 다음 날, 그 행동을 실행한다. 그걸 다시 반복한다. 끊기지 않게 만드는 최소 단위를 매일 이어 간다. 작은 행동이 쌓이면 의지는 덜 필요해진다. 지속은 의지로 버티는 일이 아니라, 구조로 굴리는 일이기 때문이다.

또 하나는 '잊지 않게 만드는 장치'다. 목표를 눈에 보이는 곳에 둔다. 자주 보고, 자주 말하고, 자주 떠올린다. 마음이 멀어지면 행동이 끊기고, 행동이 끊기면 결과도 끊긴다.

결국 간절함은 감정이 아니다. 매일 다시 시작하게 만드는 힘이다.

재능은 시작을 돕지만, 끝까지 가는 사람을 만드는 건 간절함이다.

그리고 그 간절함을 지켜 주는 것은 상상이 아니라 구조다.

즐거움이 지속을 만들고, 지속이 판을 바꾼다

"게임 왜 해?", "재미있으니까."

"드라마 왜 봐?", "재미있으니까."

"골프 왜 쳐?", "재미있으니까."

그렇다면 이렇게 물어보자.

"일은 왜 하는가?"

이 질문에 "재미있으니까"라고 답할 수 있는 사람은 많지 않다. 통계청 〈사회조사〉에 따르면 일에 대한 만족도는 30퍼센트 안팎이다. 지금 하고 있는 일에서 즐거움을 느끼지 못하는 사람이 대부분이라는 뜻이다.

아이들이 놀이에 빠져 있을 때를 떠올려 보자. 밥 먹으라는 말도 들리지 않고 시간 가는 줄도 모른다. 이유는 단순하다. 재미있기 때문이다. 재미는 어떤 행동이 오래 지속되게 만드는 가장 강력한 힘이다. 일도 마찬가지다. 즐겁지 않으면 오래 갈 수 없다.

강철왕 앤드루 카네기(Andrew Carnegie)는 이렇게 말했다.

"자신이 하는 일에 재미를 느끼지 못하는 사람이 성공하는 경우는 거의 없다."

재미의 사전적 의미에는 '즐거움'과 함께 '보람'이라는 뜻도 담겨 있다. 즐거움은 행동을 낳고, 반복된 행동은 성과로 이어진다. 몰입 이론을 제시한 미하이 칙센트미하이(Mihaly Csikszentmihalyi) 역시 인간은 어떤 행동에 완전히 몰입할 때 가장 큰 행복과 성취를 느낀다고 말했다.

나 역시 원생 0명에서 400명까지 학원을 키워내며 절대적으로 확신하게 된 한 가지가 있다.

내가 즐거워야 아이들이 즐겁고, 아이들이 즐겁게 학습

하다 보면 성과가 난다. 그 성과는 곧 실력이 되고, 실력은 다시 재미있게 하는 원동력이 된다는 것이다.

월 매출 1억 원을 넘긴 한 셰프의 말도 다르지 않다.

"요리할 때는 시간 가는 줄 모릅니다. 더 맛있게 만들 방법을 고민하는 그 과정이 가장 즐겁습니다."

이처럼 즐거움은 몰입을 만들고, 몰입은 자연스럽게 '올인'의 상태로 이어진다. 흔히 성공한 사람들은 남들보다 훨씬 많은 시간을 일한다. 그러나 그들을 단순히 '많이 일하는 사람'으로만 보면 본질을 놓친다. 이들은 자신의 일을 놀이처럼 대한다. 재미있기 때문에 몰입하고, 몰입하기 때문에 시간이 길어진다.

문제는 재미가 사라질 때다. 지루함이 길어지면 슬럼프와 번아웃으로 이어진다. 실제 연구에 따르면 지루함을 자주 느끼는 사람은 그렇지 않은 사람보다 건강 위험도 더 높다. 결국 재미는 기분의 문제가 아니라 생존의 문제다.

그렇다면 재미는 어떻게 되찾을 수 있을까. 방법은 거창하지 않다.

첫째, 환경을 바꿔라.

가구 위치를 바꾸고 조명을 바꾸는 것만으로도 공간의 기운은 달라진다. 외모와 태도를 정돈하는 일 역시 마찬가지다. 변화는 생각보다 가까운 곳에서 시작된다.

둘째, 작은 실험을 반복하라.

메뉴 하나, 서비스 하나, 동선 하나를 바꿔 보자. 결과를 관찰하는 과정 자체가 지루함을 밀어낸다.

셋째, 일을 게임처럼 설계하라.

매출, 고객 수, 개선 목표를 단계로 나누고 하나씩 달성해 보자. 레벨업의 감각은 다시 재미를 불러온다.

넷째, 고객과 연결돼라.

후기와 메시지, 직접 건네는 한마디는 '왜 이 일을 하는지'를 다시 떠올리게 한다. 사업은 결국 사람의 얼굴을 마주하는 일이다.

다섯째, 함께할 사람을 만들어라.

특히 혼자 버티는 사업일수록 동료는 필수다. 함께 가는 길이 더 오래 간다.

열정은 타고나는 것이 아니라 만들어진다. 환경과 행동, 반복 속에서 다시 불붙는다. 강도보다 중요한 것은 지속성 이다. 요즘 가장 대단한 사람은 오랫동안 꾸준히 가는 사람 이다.

즐거움이 사라진 순간, 판도 멈춘다.

반대로 즐거움이 살아 있는 한, 사람은 다시 몰입하고 계속 나아간다.

사업에서 결국 살아남는 사람은 가장 오래, 가장 즐겁게 버틴 사람이다.

"행복은 강도가 아니라 빈도다"라는 에드 디너(Edward Francis Diene) 교수의 말처럼, 한 번의 강렬한 기쁨보다 작더라도 자주 반복되는 만족이 더 큰 행복을 만든다. '소확행(소소하지만 확실한 행복)'이라는 말이 공감을 얻은 이유도 여기에 있다.

추운 겨울이 지나 봄바람이 불 때 느껴지는 설렘, 사랑하는 사람들과 맛있는 음식을 나누며 느끼는 편안함, 아팠던 몸이 회복되었을 때의 안도감. 모두 사소한 순간이지만, 이런 작은 행복들이 삶을 긍정적인 방향으로 이끈다.

일도 마찬가지다. 큰 성공은 갑자기 찾아오지 않는다. 작은 성취가 쌓이며 만들어진다. 어떤 일을 떠올릴 때 마음이 요동치고 심장이 빨라지며 '해보고 싶다'는 설렘이 드는가. 그런 감정을 느껴본 적이 없다면 무엇을 할 때 즐거운지, 어떤 선택과 행동 앞에서 마음이 뜨거워지는지 스스로에게 끊임없이 물어야 한다. 그 순간이 많아질수록 성공은 가까워진다. 물론 즐거움이 늘 지속되지는 않는다. 고비도 오고 시련도 온다. 그러나 작은 성공 뒤에 따라오는 성취감은 쉽게 무너지지 않는 힘이 된다.

이와 비슷한 경험을 한 신희연 씨의 이야기를 들려주고 싶다. 그녀의 결혼 생활은 10평 남짓한 구축 아파트에서 시작됐다. 빠듯한 형편 속에서 불만은 늘어갔다. 자신을 돌아보기보다 남편과 상황을 탓했고 몇 년간 그런 생각에 머물렀다. 결국 그 태도는 스스로를 더 초라하게 만들었다.

그러다 '마음이 뜨거워지는 일'을 찾은 이후, 그녀의 삶은 달라졌다. 일에 몰입하는 즐거움과 소소한 성취가 반복되며 이전의 불만은 사라졌다. 매출이 늘자 열정도 함께 커졌다. 그녀는 목표를 늘 구체적으로 상상했고, 주변에 말로 꺼내 놓았다. 말한 목표를 지키기 위해 더 치열해졌다. 비웃거나 꿈을 깎아내리는 사람도 있었지만, 그녀는 그런 관계를 과감히 정리했다. 그렇게 10년을 걸어왔다. 돌아보니 인생의 전환점은 '일'이었다고 말한다.

희연 씨처럼 주어진 일을 뜨거운 마음으로 대하면 결과는 달라진다. 무대 위에서 혼신을 다해 노래하는 가수의 눈빛을 떠올려 보자. 진심으로 몰입한 사람의 눈은 분명 다르다. 목표 없이 흘러가는 삶의 눈빛은 비어 보이지만, 열정을 품은 사람의 눈빛에는 힘이 있다. 그 눈빛이 행동을 만들고 행동이 하루를 만들며 하루가 쌓여 미래가 된다.

그래서 일상 속에서 생기를 불어넣을 요소를 끊임없이 탐색해야 한다. 가보지 않던 길을 가보고, 새로운 장소에서 일해 보고, 해본 적 없는 취미에 도전해 보고, 다른 분야의 사람들과 이야기를 나눠보는 것이다. 익숙한 방식을 벗어나면 고착된 생각이 조금씩 흔들리기 시작한다.

당연하다고 여겨왔던 행동을 의식적으로 바꾸는 순간, 무엇을 할 때 즐거운지 보이기 시작한다. 늘 같은 행동에는 같은 결과만 따른다. 일상에 변화를 주고, 새로운 생각을 실행에 옮기면 다른 결과가 만들어진다.

삶의 방향은 태도에서 갈린다. 정체되어 있다고 느껴진다면 작은 변화부터 시작해 보자. 새로운 경험을 시도하고 다른 관점으로 세상을 바라보며 마음속 열정을 다시 불러낸다면 변화는 생각보다 가까이에 있다.

어쩌면 지금이, 당신 삶의 새로운 페이지를 열어야 할 순간일지도 모른다.

　"사업과 인생에서 내가 내린 최고의 결정은 모두 직감으로 내린 것입니다. 분석으로 결정할 수 있다면 그렇게 해야 합니다. 하지만 인생에서 가장 중요한 결정은 항상 직감에 따라 내려집니다" 아마존 창업자 제프 베이조스(Jeff Bezos)의 말이다.

　"나는 직감과 영감을 믿는다. '내가 맞구나' 하는 느낌이 종종 든다."

　"진정으로 가치 있는 인간의 유일한 것은 직감이다"라고 아인슈타인(A. Einstein)은 말했다. 스티브 잡스(Steve Jobs)

역시 "인간의 직관은 지능보다 강력하다"고 했다.

'인간의 직감은 높은 확률로 적중한다'는 가설과 관련해 흥미로운 실험이 있다. 이스라엘 텔아비브대(Tel Aviv University) 심리학과 연구진은 참가자들에게 컴퓨터 화면 좌우에 서로 다른 숫자를 아주 짧은 시간 동안 연속적으로 제시하고, 평균값이 더 높은 쪽을 고르게 했다. 계산이 불가능한 상황이었기 때문에 참가자들은 직감에 의존할 수밖에 없었다. 실험 결과, 여섯 세트까지는 정답률이 낮았지만 스물네 세트까지 반복하자 정답률이 크게 상승했다. 연구진은 인간의 뇌가 직관적 선택 상황에서도 가치를 통합하는 능력을 갖고 있다고 설명했다.

직감은 우연이 아니다. 과거에 겪은 성공과 실패, 수많은 선택의 결과가 몸에 축적되어 무의식적으로 튀어나오는 신호다. 그래서 어떤 상황에 놓였을 때 설명할 수는 없어도 '이쪽이 맞다'는 감이 먼저 온다.

나는 과거에 가맹사업을 하며 예비 가맹점주 상담을 많

이 했다. 몇 마디 대화를 나누다 보면 '이 사람은 해낼 수 있겠다' 혹은 '이 사람은 쉽지 않겠다'는 감이 왔다. 그 감은 오랜 시간 사람을 만나며 축적된 경험에서 나온 것이었고, 상당 부분 맞아떨어졌다.

직감(intuition)은 인간만이 가진 능력이며, 타고난 재능이 아니라 훈련 가능한 감각이다. 사전적으로 직감이란 설명이나 증명 없이 곧바로 알아차리는 능력을 말한다. 성공한 사람들의 공통점은 이 직감이 유난히 발달해 있다는 점이다. 그렇다고 그들이 태어날 때부터 특별했던 것은 아니다. 경험의 총량이 달랐을 뿐이다. 직감은 초능력이 아니다. 반복된 경험이 만든 통찰이다.

한 기사에서 16년 차 경찰관이 한강 투신 청년을 구조한 이야기를 읽은 적이 있다. 휴일에 한강을 찾았던 그는 물에 뛰어드는 소리를 듣는 순간 설명할 수 없는 불안감을 느꼈고, 즉시 몸이 먼저 반응했다. 그 직감 덕분에 한 생명을 살릴 수 있었다고 한다. 만약 그가 오랜 기간 현장을 경험하지 않은 사람이었다면 같은 반응이 가능했을까. 수많은 경험이 직감을 만들고, 그 직감이 즉각적인 행동으로 이어진 것이다.

사업도 마찬가지다. 내 일의 본질에 모든 초점을 맞추고 경험을 쌓다 보면 직감은 자연스럽게 생긴다. 직감은 기회를 감지하는 능력이다. 하지만 감지하는 것만으로는 부족하다. 구조 현장에 골든타임이 있듯, 직감도 적기에 실행하지 않으면 의미가 없다.

삼성 창업자 이병철 회장이 반도체 사업에 뛰어들겠다고 선언했을 때, 그 선택은 단순한 감정이 아니었다. 오랜 사업 경험, 치밀한 정보 수집, 깊은 고민 위에 직감이 더해진 결단이었다. 그 시점의 선택이 없었다면 오늘의 삼성은 존재할 수 있었을까

오래전 읽었던 한 책에서는 이렇게 말했다. 직관은 사용할수록, 훈련할수록 좋아진다고. 현상에 속지 않고 감정에 휘둘리지 않으며, 중요한 선택의 순간에 올바른 방향을 제시해 준다고.

그렇다면 직감을 키우기 위해 무엇을 해야 할까. 답은 단순하다. 삶에서 일어나는 모든 일을 경험으로 받아들이는 태도다. 좋은 경험과 나쁜 경험을 나누지 말자. 해석에 따라 모두가 자산이 된다. 이 경험들이 쌓여 직관과 통찰, 그리고 추진력으로 이어진다.

또 하나는 컴포트 존(Comfort zone, 안전지대)에서 벗어나는 연습이다. 편안한 영역에 머물면 늘 같은 경험만 반복된다. 같은 경험에서는 직감이 자라지 않는다. 성공으로 가는 길은 대개 불편하다. 불편함에 익숙해질수록 선택의 감각은 날카로워진다.

미국의 영화배우 알란 알다(Alan Alda)는 이렇게 말했다. 편안함의 도시를 떠나 직관의 황야로 들어가야 한다고. 그곳에서 만나게 되는 것은 결국 자기 자신이라고.

나 역시 처음 사업을 시작해 목표에 이르기까지 수없이 흔들렸다. 고객의 불만에 밤마다 울었고 불안한 생각에 잠을 이루지 못한 날도 많았다. 편안함을 선택했다면 지금의 나는 없었을 것이다. 나를 불편하게 했던 순간들이 결국 나를 여기까지 데려왔다.

지금도 같은 마음으로 하루를 버텨내는 사람들이 많을 것이다. 당신에게 일어나는 모든 경험은 직관으로 이어진다. 그리고 그 직관은 언젠가 당신을 올바른 선택으로 이끌 것이다. 당신의 직감을 믿어라. 오늘도 그 직감과 함께 살아가면 된다.

"당신 내면의 목소리에 귀를 기울여라. 그것은 끊임없이 흐르는 지혜와 진실의 깊은 원천이기 때문이다."

－캐롤라인 조이 아담스

"돈이 없을땐 하나님 손자라도 일해야지"

힙합 가수 넉살의 노래 〈밥값〉 속 이 문장은 우리가 애써 외면해 온 현실을 직설적으로 드러낸다. 살아가기 위해서는 결국 돈이 필요하다. 일을 하는 이유를 묻는 각종 조사에서 1순위는 늘 돈이다. 생존을 위해서, 생활을 위해서, 그리고 길어진 노후를 대비하기 위해서 우리는 돈을 벌어야 한다.

"돈은 인생에서 가장 중요한 것은 아니지만, 중요한 많은 것들을 가능하게 한다."

조던 피터슨(Jordan Bernt Peterson)의 이 말을 들으면 고개를 끄덕이면서도 마음 한편에서는 반박하고 싶어진다. 돈이 가장 중요한 게 아니라고 말할 수 있을까. 돈이 없으면 삶 자체가 성립되지 않는데 말이다. 이성적으로는 돈이 전부는 아니라고 말하고 싶지만, 현실에서는 돈이 너무나 중요하다.

영화나 드라마를 떠올려 봐도 그렇다. 돈만 쫓는 인물은 악인으로 그려지고, 그 끝은 대개 비극이다. 반면 성공한 사람에게 돈 이야기를 꺼내면 "운이 좋았어요"라며 겸손하게 말한다. 물론 운이 작용한 것도 사실이다. 하지만 성공의 본질이 운에만 있다고 말할 수는 없다. 죽어라 노력했다는 말을 하면 "그래도 운이 따라줬겠지"라는 반응이 돌아온다.

돈을 싫어하는 사람은 없다. 그런데 "돈을 벌고 싶다", "돈이 좋다", "돈이 중요하다"라고 말하는 순간 그 사람은 속물 취급을 받는다. 특히 겸손과 절제를 미덕으로 여겨온 우리 문화에서는 더욱 그렇다. 돈 이야기를 자주 하는 사람은 물질만능주의자로 비난받기 쉽고, 교사나 의사, 사회복지

사처럼 이타적 직업군에 속한 사람이 돈을 이야기하면 사명감이 없다는 시선을 받기도 한다.

하지만 현실은 다르다. 우리는 돈을 벌어야 한다. 하나님 손자라도 말이다. 그래야 살아갈 수 있다. 돈을 버는 일은 무거운 짐을 지고 오르막길을 오르는 것과 같고, 돈을 쓰는 일은 자전거를 타고 내리막길을 내려가는 것과 같다. 그런데 돈을 모으겠다는 욕구가 커질수록 내리막길조차 마음껏 내려가지 못한다. 어떻게 모을지, 어떻게 아낄지, 어떻게 굴릴지 생각의 짐이 계속 쌓이기 때문이다. 그래서 돈을 함부로 쓰는 일은 결코 마음이 편하지 않다.

같은 조건, 다른 결과의 비밀

흥미로운 질문 하나를 던져보자. 통장에 9천7백만 원이 있는 사람과 97만 원이 있는 사람 중 누가 돈을 더 잘 쓸까. 상식적으로는 돈이 많은 사람이 여유롭게 쓸 것 같지만, 현실은 종종 반대다.

9천7백만 원을 가진 사람은 삼백만 원만 더 모으면 일억이라는 생각에 소비를 망설인다. 반면 97만 원을 가진 사람은 이 돈으로 뭘 하겠냐며 지금의 만족을 선택한다. 오늘 하루 기분 좋으면 된다는 논리로 소비를 합리화한다.

이것이 바로 희소성 마인드셋의 함정이다. 자원이 부족하다는 인식에 사로잡히면 시야는 좁아지고, 당장의 만족에만 집중하게 된다. 미래를 설계하는 힘은 점점 약해진다.

나의 변화 이야기

나 역시 이 함정 속에 살던 시절이 있었다. 연년생 아이들을 키우며 파트타임으로만 일하던 시절, 한 달 수입은 백만 원 남짓이었다. 남편 역시 사회 초년생이었기에 우리 부부의 수입은 늘 빠듯했다.

그때의 생각은 단순했다. 어차피 힘든데 뭐 하러 아끼냐는 마음이었다. 외식을 하고 여행을 가고 할부로 명품 가방을 샀다. 심지어 마이너스 통장까지 쓰며 나중에 갚으면 되지라는 생각을 했다. 미래에 대한 목표도, 나아질 것이라는 확신도 없었다. 오늘의 소비가 나를 더 우아하게 만들어준다고 믿었다.

변화는 사업을 시작하면서 찾아왔다. 초기에는 경력도

실적도 없어 대출부터 받아야 했다. 빚을 갚지 않으면 버틸 수 없다는 절박함 속에서 생존을 위한 싸움이 시작됐다. 그리고 매출이 늘고 통장 잔고가 차오르기 시작하면서 생각이 달라졌다.

'내가 얼마나 힘들게 번 돈인데.'

그 이후로는 커피 한 잔, 생수 하나를 사는 일에도 스스로에게 묻게 되었다. 정말 필요한가. 공부를 해본 사람만이 공부의 가치를 알 듯, 돈을 벌어본 사람만이 돈의 무게를 안다는 사실을 그제야 깨달았다.

경험의 질이 실력을 결정한다

하루하루의 차이는 크지 않다. 하지만 10년 뒤 자신이 지나온 뒤를 돌아보게 되면 그 차이는 명확하다. 누구나 똑같이 사업을 시작해도 10년 뒤의 결과가 판이하게 달라지는 이유는 무엇일까?

많은 이들이 그것을 타고난 실력의 차이라고 말한다. 하지만 그 본질을 들여다보면, 실력의 차이는 결국 '경험을 대하는 태도'의 차이에서 기인한다. 어떤 태도로 경험을 통과하느냐에 따라 누군가에게는 실력이라는 단단한 근육이 남고, 누군가에게는 휘발되는 소비만 남기 때문이다. 여기 두 가지 선택의 갈래가 있다.

[첫 번째 갈래: 소비에 머무는 경험]

알베르트 아인슈타인(Albert Einstein)은 "어제와 똑같이 살면서 다른 미래를 기대하는 것은 정신병 초기 증세다"라며 따끔한 일침을 날린 바 있다. 이 말처럼 어떤 이는 매일 같은 행동을 반복하면서 수익을 늘리고 싶다고 말한다. 하지만 변화를 위해서는 반드시 어제와 다른 행동을 선택해야 한다. 그렇다면 우리는 정말 변화를 위한 행동을 하고 있는가? 혹시 경험이라는 미명 아래 제자리에 머물고 있지는 않은가.

여기에서 가장 위험한 것은 '경험이 곧 자산'이라는 말을 현재의 욕망을 채우는 명분으로 사용하는 것이다. 경험에도 질이 있다. 일주일간 고생한 나에게 주는 충동적이고 즉각적인 보상, 남들에게 보여지는 화려한 소비, 그리고 편안한 휴양지에서 돈을 소비하며 내가 지금 좋은 경험을 하고 있다는 착각은 결코 자산이 되지 못한다.

이들에게 사업은 삶을 유지하기 위한 수단일 뿐, 나를 성장시키는 무대가 되지 못한다. 대화의 주제는 늘 '고생한 나에게 어떻게 보상을 해줄까'에 머물러 있고, 10년이라는 세월은 그저 버틴 시간에 대한 보상 심리로 치환될 뿐이다.

[두 번째 갈래: 자산이 되는 경험]

반면, 같은 수익을 얻어도 그것을 다시 내일의 토양으로 삼는 이가 있다. 이들에게 경험이란 단순히 지갑을 열어 사는 소비나, 잠시 기분을 좋게 만드는 일시적인 보상을 뜻하지 않는다. 삶의 양식이 되는 진짜 경험은 불편함을 감내하는 과정 속에서 만들어진다. 기다리는 법을 배우고 목표를 이루는 그 과정에서 성취감을 얻는 경험이다. 그 성취감은 자신에 대한 신뢰로 바뀌고, 그 신뢰는 다시 도전할 수 있는 힘이 된다. 즉, 진짜 성장은 안락함이 아닌 치열한 시행착오 속에서 만들어진다는 것을 알기 때문이다.

이들은 당장의 화려한 소비 대신 미래를 위한 재투자를 선택한다. 아이들에게 값비싼 물건을 쥐여주기보다 부모가 스스로 목표를 향해 인내하고 성취해가는 뒷모습을 유산으로 남긴다. 소비로 얻는 일시적인 쾌락보다, 무언가를 스스로 일구어냈을 때의 뜨거운 '아하 모먼트'가 삶을 앞으로 밀어주는 진짜 동력임을 믿기 때문이다.

당신은 어떤 삶을 지향하고, 어떤 삶을 지양하는가.

이 기준은 삶의 중심에 반드시 필요하다. 우리는 모두 바쁘게 하루를 살아간다. 하지만 그 바쁨이 생각하는 틈마저 앗아가게 두어서는 안 된다. 내 삶을 관통하는 철학, 즉 마음속의 잣대가 분명해야 흔들려도 다시 돌아올 수 있기 때문이다.

돈을 대하는 태도 역시 마찬가지다. 돈을 단순히 욕망을 채울 도구로 가볍게 여긴다면 돈 또한 당신을 가볍게 여기며 결코 머물지 않을 것이다.

지금 당신의 손에 쥐어진 것은 어제의 소비인가, 아니면 내일의 자산인가.

바쁜 일상 속에서도 이 질문을 놓지 않는다면, 당신의 10년 뒤는 오늘과는 확연히 다른 풍경일 것이다.

사장들이 가장 늦게 깨닫는 진실 7가지

: 반드시 점검해야 할 체크 포인트

가게 문을 여는 시간은 들쭉날쭉하고, 쉬는 날은 마음대로 늘어난다. 메뉴는 익숙한 것만 남고, 매장은 정리되지 않은 채 하루를 넘긴다. 손님이 와도 반갑지 않고, 환대는 형식이 된다. 이런 변화는 어느 날 갑자기 생기지 않는다. '오늘은 좀 쉬어도 되겠지'라는 생각이 쌓인 결과다.

이 상태의 공통점은 하나다. 사장인데, 직장인처럼 일하고 있다는 것이다.

직장인은 정해진 시간만 채우면 된다. 하지만 사장은 약속을 만든 사람이다. 영업시간, 서비스, 태도는 모두 고객과의 계약이다. 그 계약을 스스로 가볍게 여기기 시작하는 순간, 사업은 이미 신뢰를 잃고 있다.

성실함은 특별한 각오가 아니다. 지치고 힘들어도 다음 날 다시 같은 자리에 서는 힘이다. 하루 쉬고 싶을 때 쉬는 것이 아니라, 쉬고 싶은 날에도 지켜내는 것이 성실함이다. 실제로 오래 살아남은 사업가들의 공통점은 단순하다. 매일 같은 시간에 문을 열고, 손님이 없는 시간에도 준비를 멈추지 않는다. 더 나은 재료를 찾고, 더 나은 방식을 고민한다. 그 반복이 신뢰가 되고, 신뢰가 브랜드가 된다.

여기서 하나를 분명히 해 두자. 오래 일한다고 성실한 것은 아니다. 방향 없는 부지런함은 제자리걸음일 뿐이다. 중요한 것은 '얼마나 열심히'가 아니라 '무엇을 향해 반복하고 있는가'이다. 미래를 그리지 못한 성실함은 쉽게 무너진다.

기대가 사라지면, 사람은 감정에 휘둘린다. 반대로 목표가 분명한 사람은 하루의 피로를 다음 날의 연료로 바꾼다.

지금, 스스로에게 물어보자.

나는 사장처럼 일하고 있는가, 아니면 월급 없는 직장인이 되어 있는가.

이 질문에 대한 답이 앞으로의 방향을 드러낸다.

※ 체크 포인트

□ 영업시간을 '고정된 약속'으로 지키고 있는가

□ 손님이 없을 때, 다음을 준비하고 있는가

□ 오늘 매장은 어제보다 나아졌는가

□ 내 태도가 손님에게 그대로 전달되고 있지는 않은가

실수는 누구나 한다. 문제는 실수 이후의 태도다. 학원을 운영하는 조정미 씨는 신학기 차량 운행 중 작은 착오를 겪었다. 화가 난 학부모가 학원을 찾아와 고성을 질렀지만, 그는 감정을 맞받아치지 않았다. 끝까지 자신의 실수를 인정하고 차분히 사과했다. 상황은 험악했지만 더 커지지는 않았다. 친절한 대응이 문제를 해결한 것은 아니었지만, 최소한 파국으로 가는 길은 막아 주었다.

만약 그 순간 감정으로 대응했다면 결과는 달라졌을 것이다. 무례함은 무례함을 부르고, 감정은 감정을 키운다. 보복 운전이 사고를 키우듯, 감정적인 응대는 작은 문제를 돌이킬 수 없는 상황으로 만든다. 사업에서 친절은 미덕이 아니라 리스크 관리다.

우리는 매일 수많은 사람을 만난다. 늘 웃으며 인사하는 사람과, 늘 날 선 표정으로 대하는 사람 중 누구에게 마음이 가는지는 설명이 필요 없다. 사람은 이성보다 감정으로 움직인다. 그리고 감정은 말투와 태도에서 가장 먼저 드러난다.

사업에서도 마찬가지다. 맛이 조금 부족해도 다시 가게 되는 집이 있고, 맛은 괜찮아도 다시는 가고 싶지 않은 집이 있다. 차이를 만드는 것은 음식이 아니라 경험이다. 정확히 말하면, 사람이 남긴 감정이다.

내가 자주 가던 닭갈비집 두 곳이 있었다. 맛은 비슷했다. 한 곳은 주문을 받을 때마다 퉁명스러웠고, 웃는 얼굴을 본 적이 없었다. 결국 발길이 끊겼다. 다른 한 곳은 늘 먼저 말을 건네고 불편함은 없는지 묻는다. 누군가 추천을 부탁하면 망설임 없이 그곳을 말한다. 맛은 기억에서 흐려지지만, 감정은 오래 남는다.

일본 오사카의 'Smile Ramen' 역시 마찬가지다. 출근 전 직원들이 미소와 인사를 연습한다. 코로나 시기에도 단골이 버텨 준 이유다. 친절은 비용이 아니라 선택이다.

그렇다면 친절함은 어떻게 기를 수 있을까.

첫째, 자존감을 키워야 한다.

자신을 존중하지 못하는 사람은 타인을 존중하기 어렵다. 자존감이 낮으면 세상은 늘 공격적으로 보인다. 자존감은 나를 지켜주는 방패다. 높은 자존감을 가진 사람은 자신에게 관대하고, 타인에게도 여유롭다.

아침마다 거울을 보며 이렇게 말해보자. "나는 충분히 괜찮은 사람이다." 이 말이 반복될수록 태도는 달라진다.

둘째, 미소를 연습하자.

인상은 타고나는 것이 아니라 만들어진다. 생각이 표정을 만들고, 표정이 인상을 만든다. 웃는 얼굴에는 적대가 붙기 어렵다. 연구에 따르면 미소는 말의 설득력을 높인다. 친절함을 미소로 전달하는 사람은 손해보다 이득이 훨씬 크다.

상대에게 먼저 가벼운 칭찬을 건네보자. 웃음은 자연스럽게 돌아온다.

셋째, 인사를 잘하자.

친절의 시작은 인사다. 이름이나 호칭을 불러주는 인사는 상대를 존중한다는 분명한 신호다. 자신의 이름을 불러주는 사람을 싫어하는 이는 없다.

"식사는 하셨어요?"보다

"○○씨, 식사는 하셨어요?"

이 작은 차이가 관계의 온도를 바꾼다.

많은 사장들이 이렇게 말한다.

"맛만 있으면 다시 온다."

하지만 현실은 다르다. 맛은 기본이고, 다시 오게 만드는 것은 태도다.

※ 체크 포인트

☐ 손님 앞에서 내 표정과 말투는 관리되고 있는가

☐ 문제가 생겼을 때, 감정이 먼저 나오지는 않는가

☐ 맛이 아닌 '기분 좋은 경험'을 만들고 있는가

☐ 단골이 생기지 않는 이유를 태도에서 찾고 있는가

"친절은 세상을 아름답게 한다. 모든 비난을 해결한다.
얽힌 것을 풀어헤치고, 곤란한 일을 수월하게 하고, 암담한
것을 즐거움으로 바꾼다."

— 레프 톨스토이(Leo Tolstoy)

이솝 우화에 이런 이야기가 있다. 고기를 입에 문 개가 강을 건너다, 물에 비친 자기 모습을 보고 더 큰 고기를 노린다. 짖는 순간 입에 물고 있던 고기는 강물에 떠내려가 버린다. 우리는 이 이야기를 흔히 "욕심을 부리지 말라"는 교훈으로 배운다.

하지만 사업에서는 이 이야기를 다르게 읽어야 한다.

진짜 위험한 순간은 욕심을 부릴 때가 아니라, 욕심이 사라졌을 때다.

더 잘해보고 싶다는 마음이 꺼지는 순간, 성장은 멈춘다. 그리고 멈춘 자리에 기회는 오래 머물지 않는다. 안주는 대개 이렇게 시작된다.

"이 정도면 괜찮지."

"지금도 바쁜데 뭘 더 해."

"굳이 바꿀 필요 있을까."

문제는 이 상태가 위기처럼 느껴지지 않는다는 점이다. 오히려 편안하다. 매출은 유지되고, 큰 문제도 없다. 그래서 손대지 않는다. 하지만 시장은 내가 멈춰 있는 사이에도 계속 움직인다. 고객의 기준은 변하고, 경쟁자는 조용히 진화한다. 그리고 어느 날 문득 이런 생각이 든다.

"왜 예전 같지 않지."

욕심은 흔히 부정적으로 받아들여진다. 그러나 사업에서의 욕심은 방향만 맞다면 전진 신호다. 더 잘하고 싶다는 마음, 지금보다 나아지고 싶다는 갈증이 있어야 관찰이 생기고 개선이 시작된다. 반대로 "이만하면 됐다"는 생각은 스스로에게 성장의 마침표를 찍는 일과 같다.

목표가 사라진 자리는 금세 무기력으로 채워진다. 하루

는 바쁘지만, 방향은 없다. 일은 하고 있는데, 쌓이고 있다는 느낌은 들지 않는다. 이 상태가 길어지면 작은 변화에도 귀찮아지고, 새로운 시도는 위험하게 느껴진다. 그렇게 사업은 서서히 늙어 간다.

오래가는 사업을 만드는 사람들은 공통점이 있다. 잘될수록 더 불편해한다는 점이다.

"지금 방식이 언제까지 통할까."

"고객은 이미 다른 기준을 요구하고 있지 않을까."

이런 질문을 스스로에게 던지며, 일부러 안주를 경계한다.

목표는 처음부터 거창할 필요가 없다. 중요한 것은 멈추지 않는 기준이다. 매출이든, 서비스든, 시스템이든 무엇이든 하나는 계속 건드리고 있어야 한다. 손대지 않는 순간, 사업은 가장 조용한 하강을 시작한다.

안주는 실패가 아니다.

안주는 변화가 오기 직전의 정체 상태다.

그리고 그 정체를 가장 먼저 알아차리는 사람이 다음 기회를 가져간다.

※체크 포인트

☐ 최근 6개월간 바꾼 것이 하나라도 있는가

☐ "이 정도면 됐다"는 말을 자주 하고 있지는 않은가

☐ 잘될수록 더 점검하고 있는가

☐ 지금의 편안함이 미래의 안전으로 이어질지 점검해 봤는가

한때 잘되던 가게가 어느 날부터 조용해진다. 상권이 죽어서도, 경기가 갑자기 나빠져서도 아니다. 대부분의 경우 이유는 하나다. 사장이 더 이상 배우지 않기 시작했기 때문이다.

잘되던 시절의 방식은 어느 순간 '정답'이 된다. 그 정답에 익숙해질수록 변화는 귀찮아지고, 새로운 시도는 위험처럼 느껴진다. 온라인 판매, 새로운 플랫폼, 바뀌는 소비 방식이 눈에 들어와도 "나랑은 안 맞아"라는 말로 밀어낸다. 그 사이 시장은 앞으로 가고, 사업은 제자리에 남는다.

그 상태가 바로 '사업이 늙어 가는 순간'이다.

사업이 늙는다는 것은 매출이 줄었다는 뜻이 아니다. 생각이 멈췄다는 뜻이다.

매출은 결과고, 원인은 늘 그 이전에 있다. 배우지 않으면 생각은 고정되고, 생각이 고정되면 행동도 반복된다. 같은 행동으로 다른 결과를 기대하는 것은 착각에 가깝다.

우리는 먹고 살기 위해 현재의 바쁜 삶에 치여 하루하루를 살아내느라 '배움'을 놓칠 때가 많다. 무언가를 배우려면 에너지가 필요한데, 치열한 삶 속에서 그 에너지를 내줄 여유가 없다. 당장 눈앞의 일들을 처리하느라 비전을 갖지 못하기 때문이다.

나 또한 그랬다. 아침부터 저녁까지 몰아치는 급한 일들을 처리하다 보면 하루가 훌쩍 지나갔다. 그 바쁨 속에서 새로운 배움을 찾는 일은 사치처럼 느껴졌다. 하지만 어느 순간 더 이상 앞으로 나아가지 않고 있다는 생각이 들었다. 매일 똑같이 행동하면서 상황만 바뀌길 바라는 건 망상에 가깝다. 다른 결과를 원한다면, 다르게 행동해야 한다.

다르게 행동하려면 배워야 한다. 모든 행동은 생각에서

시작된다. 새로운 생각이 만들어지지 않으면 새로운 행동으로 이어질 수 없다. 스스로 생각할 수 있는 범위는 한정돼있기 때문에 자신의 생각과 신념의 가치를 높이려면 끊임없이 배워야 한다. 학여역수행주 부진즉퇴(學如逆水行舟 不進卽退), 배가 거슬러 올라가듯 배움도 멈추는 순간 뒤로 밀려난다. 고인물이 썩듯 배움을 멈추면 결국 자기 생각 안에 갇히게 된다.

스티브 잡스는 스탠퍼드대학교 졸업 연설에서 "Stay hungry, stay foolish"라는 말을 남겼다. 그는 늘 배움에 굶주린 사람으로 알려져 있었다. 편식 없는 배움을 통해서만 남들과 다르게 사고할 수 있다고 믿었기 때문이다. 이 말은 "나는 어리석다. 그렇기 때문에 언제나 배움을 갈망한다"는 뜻에 가깝다. 누구도 스티브 잡스를 어리석다고 생각하지 않지만 그는 스스로를 그렇게 인식했다. 현재에 안주하지 않고, 지금 내놓은 결과가 최고라고 여기지 않았기 때문이다. 늘 한 단계 더 발전하기 위해 배우고 탐구하며 자신의 한계를 넘으려 했다.

어린아이들은 호기심 가득한 눈빛으로 끊임없이 질문하며 배운다. 아이들은 다섯 살 무렵 가장 많은 질문을 한다고 한다. 그러나 초등학교, 중학교, 고등학교로 올라갈수록 질문은 현저히 줄어든다. 어른이 되어 갈수록 아이들의 엉뚱하고 참신한 생각은 점차 정형화된다. 가정과 사회, 학교로부터 하나의 정답을 요구받는 주입식 교육 속에서 생각할 기회를 충분히 얻지 못했기 때문이다. 그 과정에서 사고의 확장은 막히고, 자유로운 사고도 사라진다. 그리고 고정관념이 생긴다.

고정관념은 살아가며 학습된 결과물이다. 과거의 경험과 그로부터 쌓은 지식이 늘어날수록 고정관념은 더욱 견고해진다. 그래서 나이가 들수록 배우기 어렵다고 느끼는 것이다. 하지만 바로 그 고정관념이 새로운 배움의 길을 막는다. 따라서 때로는 당연하다고 여겨 온 생각과 편견에 의도적으로 질문을 던져야 한다. 배움을 통해 다른 방향으로 사고하려는 노력이 필요하다.

앨빈 토플러(Alvin Toffler)는 "21세기의 문맹자는 읽고 쓰지 못하는 사람이 아니라, 배우고, 배운 것을 잊고, 다시 배우지 못하는 사람이다"라고 말했다. 끊임없이 쏟아지는 정보와 지식의 홍수 속에서 오래되고 낡은 사고방식을 붙잡고 사는 것은 스스로를 뒤처지게 만든다. 새로운 배움을 가로막는 고정관념의 틀에서 벗어나야 한다.

이상진씨는 식당가와 상가들이 밀집한 핵심 상권에서 레스토랑으로 첫 사업을 시작했다. 임대료 부담이 컸지만 사전에 사업을 배우지 않은 채, 그저 잘될 것이라는 믿음 하나로 문을 열었다. 그러나 경쟁이 치열한 만큼 매출은 쉽게 늘지 않았고, 결국 운영비를 감당하지 못해 폐업했다. 그는 '역시 경쟁이 심한 곳에서는 살아남기 힘들다'라고 생각했다.

하지만 문제는 지역이 아니었다. 충분한 준비 없이 시작한 것이 실패의 원인이었다. 경쟁 업체가 많든 적든, 잘하는 사람은 어디서든 살아남는다. 시험 점수만 보고 결과를 판단하듯, 사업 역시 결과가 실패라면 그 원인을 직시해야 한다. 운이 없었든, 상황이 나빴든, 노련함이 부족했든 결과는 실패다. 그러나 그 실패의 원인을 통해 배운다면 오히려 더 큰 성공으로 이어질 수 있다.

이상진씨는 처음엔 고정관념 속에서 상황만 탓하며 다시 시작할 용기를 잃었다. 하지만 비슷한 조건에서 사업을 시작한 지인의 성공을 보고 실패의 원인이 자신에게 있었음을 깨달았다. 그때부터 전국의 잘되는 식당을 찾아다니며 맛을 보고, 성공 요인을 분석했다. 동시에 잘되지 않는 식당도 찾아가 같은 방식으로 실패 요인을 분석했다. 그렇게 준비한 뒤 다시 시작한 레스토랑은 점차 매출이 늘고 있다. 운영 시간 외에는 사업과 관련된 배움을 꾸준히 이어가고 있다. 만약 그가 고정관념에 갇혀 배움을 포기했다면, 실패는 마침표로 끝났을 것이다. 하지만 그는 그 마침표 뒤에 다시 문장을 이어 나갔다.

장자(莊子)는 "사람이 배우지 않는 것은 재주도 없이 하늘에 오르려는 것과 같다"고 말했다. 배우지 않으면서 잘되길 바라는 건 착각에 가깝다. 배우는 만큼 보이고, 보이는 만큼 생각하며, 생각한 만큼 행동하게 된다. 예기(禮記)에서는 "옥도 다듬지 않으면 그릇이 되지 못하고, 사람은 배우지 않으면 도를 알지 못한다”고 했다. 옥도 갈고 닦지 않으면 빛을 잃듯, 사람도 배우지 않으면 결국 도태된다.

한국 구글 코리아 임원에서 미국 구글 신입사원으로, 쉰이 넘은 나이에 다시 배움을 선택한 이모씨의 인터뷰가 떠오른다. 사회자가 “어느 정도 위치에 오르면 유지해도 되지 않느냐”고 묻자, 그는 이렇게 답했다.

“직장 생활을 오래 하다 보면 번아웃(Burnout), 보어 아웃(Bore-out), 브라운 아웃(Brown-out)을 누구나 겪게 되고 그 순간을 어떻게 회복하느냐가 중요합니다.”

그래서 그는 익숙하고 편안한 길을 버리고 낯선 땅에서 신입사원으로 다시 시작했다. 언어 장벽을 넘기 위해 매일 몇 시간씩 공부했고 사람들과 관계를 맺기 위해 의도적으로 새로운 만남을 만들었다. 늘 배우겠다는 마음으로 자신을 다시 단련했다.

사람은 어느 순간 ‘여기까지면 됐다’며 멈추고 싶어진다. 하지만 한계에는 끝이 없다. 사업은 생물처럼 움직인다. 가만히 두면 늙고, 돌보면 다시 살아난다. 그 돌봄의 핵심이 바로 배움이다. 배움을 멈춘 순간, 사업은 과거에 머문다.

지금 이 질문을 스스로에게 던져 보자.

나는 여전히 배우고 있는가, 아니면 예전에 잘됐던 방식에 기대고 있는가.

이 질문에 대한 답이 앞으로의 격차를 만든다.

※ 체크 포인트

☐ 최근 1년간 새롭게 배운 것이 있는가

☐ 고객의 변화된 행동을 의식적으로 관찰하고 있는가

☐ "예전엔 이 방법이 통했어"라는 말을 자주 하고 있지는 않은가

☐ 바쁨을 이유로 배움을 미루고 있지는 않은가

진실 ⑤ 실행: 가만히 있으면 고객은 오지 않는다

고객은 늘 선택 앞에 서 있고, 눈에 띄는 쪽으로 움직인다. 보이지 않으면, 없는 것과 같다. 고객은 기다려 주지 않는다.

TV 광고에서 본 영어 학습 앱 '스픽'의 문구가 인상 깊었다.

"틀려라. 트일 것이다."

말을 틀리면서 반복해야 입이 트이듯, 홍보와 마케팅도 시행착오 속에서 길이 열린다. 완벽한 방법을 찾겠다고 고민만 하는 동안, 고객은 이미 다른 곳으로 이동한다.

홍보를 망설이는 사장들의 말은 비슷하다.

"전단지 효과가 있을까요."

"현수막 걸었다가 문제 생기면 어쩌죠."

"SNS 올려도 아무도 안 보면 의미 없잖아요."

하지만 홍보는 한 번에 성과를 내는 일이 아니다. 노출의 총합이 기억을 만든다. 한 가지 방법이 아닌, 여러 접점에서 반복적으로 눈에 들어올 때 고객은 비로소 존재를 인식한다. 한두 번 해 보고 연락이 없다고 멈추는 순간, 홍보는 실패가 된다.

마케팅의 본질은 기술이 아니라 마음의 이동이다. 사람은 자주 보이는 것에 익숙해지고, 익숙해진 대상에 호감을 느낀다. 그래서 홍보는 '잘하는 것'보다 '계속하는 것'이 중요하다.

여기에 브랜딩이 더해지면 선택의 확률은 높아진다. 브랜드란 단순한 로고나 이름이 아니라, 이곳이 어떤 곳인지 단번에 느끼게 하는 힘이다. 간판, 색감, 문구, 사진 하나하나가 첫인상을 만든다. 고객이 "여긴 뭐 하는 곳이지"라고 고개를 갸웃하는 순간, 이미 선택에서는 탈락이다.

실력이 있어도, 가게 안으로 들어오지 않으면 보여 줄 기회조차 없다. 그래서 사업에서 홍보는 선택이 아니라 생존의 조건이다. 기다리는 사장은 언젠가 오겠지라고 생각하지만, 움직이는 사장은 오늘 한 번 더 노출될 방법을 찾는다. 그 차이가 시간이 지나면 격차가 된다.

그래서 필요한 건, 복잡한 전략이 아니라 기본이다 고객을 기다리는 사장이 밀리는 이유는 분명하다. 해야 할 일을 몰라서가 아니라, 기본을 실행하지 않기 때문이다. 홍보와 마케팅은 특별한 기술이 아니다. 고객의 시야 안으로 들어가기 위한 최소한의 동선이다. 가장 기본적인 방법부터 점검해 보자.

1. 오프라인 홍보
; 오프라인 홍보의 목적은 단 하나, '여기 이런 가게가 있다'는 사실을 반복해서 각인시키는 것.

1) 전단지

시즌마다 시안을 바꿔 제작하면 기억에 남기 쉽다. 아파트 게시판이나 가가호호 배포가 기본이며, 관리사무소를 통해 합법적인 게시 방법을 확인할 수 있다. 전단지에 소형 홍보 물품을 함께 포장하면 체류 시간이 늘어난다.

2) 현수막

대로변이나 아파트 입구처럼 유동 인구가 많은 곳이 효과적이다. 불법 설치는 수거 위험이 있으므로 지정 게시대 활용이 안정적이다. 지역 옥외광고협회를 통해 합법 게시대를 확인할 수 있다.

3) 포스터

작은 크기와 스티커 방식으로 설치가 수월하다. 타깃 고객이 자주 지나는 골목, 가로등, 벽면을 중심으로 노출 빈도를 높인다.

4) 배너

매장 앞 배너는 즉각적인 시선 유도에 효과적이다. 이 벤트나 프로모션처럼 '지금 들어와야 할 이유'를 만드는 데 적합하다.

5) 지역 상점과 제휴

편의점, 미용실, 식당, 카페 등 인근 상점에 쿠폰이나 홍보물을 비치하면 자연스러운 노출이 쌓인다. 혼자 알리는 것보다 함께 노출되는 편이 오래 간다.

2. 온라인 홍보

; 온라인 홍보는 검색과 확인의 단계, 고객은 방문 전에 반드시 한 번 더 확인한다.

1) 네이버 스마트플레이스 등록

사업자등록 후 반드시 등록해야 한다. 사진은 매장의 분위기와 강점을 한눈에 보여줄 수 있도록 선별해 업로드한다.

2) 리뷰 이벤트 활용

영수증 인증 리뷰는 방문을 망설이는 고객의 결정에 큰 영향을 준다. 작은 혜택이라도 경험 공유를 유도하는 것이 중요하다.

3) SNS 마케팅

블로그, 인스타그램 등에서 매장의 일상과 정보를 꾸준히 노출한다. 완성도보다 지속성이 중요하다. 사진, 영상, 스토리 등 다양한 형식을 활용한다.

4) 유튜브 채널 활용

매장의 콘셉트와 이야기를 담은 콘텐츠는 검색 노출과 신뢰를 동시에 만든다. 제목과 태그는 반드시 검색을 고려해 작성한다.

5) 검색 광고

네이버나 구글 키워드 광고는 관심 고객에게만 효율적

으로 노출할 수 있다. 소액으로 시작해 반응을 확인하며 조정하는 방식이 현실적이다.

이 모든 방법의 공통점은 하나다. 한 번으로 끝내지 않는 것이다.

홍보는 결과를 기다리는 일이 아니라, 노출을 쌓는 일이다.

사장이 먼저 움직이지 않으면, 고객은 절대 먼저 오지 않는다.

※ 체크 포인트

☐ 오프라인과 온라인 중 하나라도 꾸준히 실행하고 있는가

☐ 한 번 해보고 효과 없다고 멈춘 적은 없는가

☐ 고객이 검색했을 때 기본 정보는 바로 확인되는가

☐ '기다리면 오겠지'라는 생각에 머물러 있지는 않은가

고객은 '가격'이 아니라 '경험'에 반응한다

거리를 걷다 보면 가게는 많은데, 오래 기억에 남는 곳은 드물다. 불은 켜져 있지만 무엇을 하는 곳인지 알 수 없는 가게, 입구부터 정리가 되지 않아 들어가기 망설여지는 공간, 음식은 나쁘지 않은데 다시 오고 싶지 않은 식당. 이런 가게들의 공통점은 하나다. 고객의 경험을 설계하지 않았다는 점이다.

사업은 사장이 고르는 일이 아니다. 고객이 선택하는 일이다. 그리고 고객은 언제나 자신이 지불한 돈보다 조금 더 나은 대우를 기대한다. 그 기대가 무너지는 순간, 가격은 더 이상 변명이 되지 않는다.

피터 드러커(Peter Drucker)는 말했다. "고객은 기업의 존재 이유다" 이 말은 곧 이런 뜻이다. 고객의 경험이 무너지면, 사업의 이유도 함께 무너진다

경험을 망치는 순간은 아주 사소하다

한 신발 가게에서 벌어진 일이다. 여러 켤레를 신어본 손님이 구매하지 않고 나가자, 사장이 혼잣말처럼 내뱉은 짜증 섞인 말이 그대로 들렸다. 그 한마디는 신발값보다 훨씬 비쌌다. 손님은 다시 돌아오지 않았고, 그 장면은 SNS를 통해 퍼졌다.

또 다른 식당에서는 음식에서 이물질이 나왔다. 문제는 실수가 아니라 태도였다. 형식적인 사과, 무심한 표정, 책임을 회피하는 말투. 그날 손님은 환불을 받았지만, 그 식당은 신뢰를 잃었다.

이 두 사례의 공통점은 명확하다. 사장의 머릿속에서 '고객'이 빠져 있었다는 점이다. 누가 내 사업을 살리는지에 대한 감각이 무뎌진 순간, 말과 행동은 어긋난다. 가격은 비

교 대상이지만, 경험은 기억으로 남는다 고객은 항상 가격을 본다. 하지만 선택은 가격으로 끝나지 않는다. 비슷한 가격대의 가게가 많을수록, 마지막 한 곳은 경험에서 갈린다.

- 들어오는 순간 느껴지는 분위기
- 말 한마디에 묻어나는 태도
- 문제가 생겼을 때의 대응 방식
- 나갈 때의 표정과 인사

이 모든 것이 합쳐져 고객의 경험을 만든다. 그리고 경험은 다시 선택으로 이어진다. 그래서 잘되는 가게는 가격 경쟁에 매달리지 않는다. 대신 '이곳에서만 느낄 수 있는 차별화'를 관리한다. 그 경험이 쌓이면, 가격은 이유가 아니라 결과가 된다.

경험은 마음 상태에서 시작된다. 사업을 오래 하다 보면 처음의 마음은 흐려진다. '이 정도면 괜찮겠지', '오늘은 좀 넘어가도 되겠지'라는 생각이 스친다. 문제는 그 순간부터다. 태도가 흐트러지면, 그 기류는 공간 전체에 퍼진다. 사업주에게 체력 관리와 감정 관리는 선택이 아니라 실력이다. 몸이 무너지면 태도가 무너지고, 태도가 무너지면 경험이 망가진다. 고객은 사장의 사정을 알지 못한다. 그들이 판단하는 것은 오직 결과로 드러난 경험뿐이다.

헨리 포드(Henry Ford)는 말했다. 사업에서 성공하는 유일한 방법은 고객을 만족시키는 것이며, 그것은 고객이 무엇을 원하는지 그들보다 먼저 이해할 때 가능하다고.

가격을 낮추는 일은 쉽다. 하지만 경험을 관리하는 일은 매일의 태도를 요구한다. 그 차이가, 오래 가는 사업과 금세 잊히는 가게를 가른다.

※ 체크 포인트

□ 우리 가게는 '가격' 말고 무엇으로 기억되는가

□ 문제가 생겼을 때, 고객의 감정부터 살피고 있는가

□ 내 말투와 표정이 공간의 분위기를 만들고 있지는 않은가

□ 가격 설명 전에, 경험을 먼저 떠올리고 있는가

마음이 무너지면, 사업이 무너진다

　결국 끝까지 버티는 힘은 마인드셋이다. 마인드셋은 마음을 뜻하는 마인드(mind)와 생각의 틀을 의미하는 셋(set)이 합쳐진 말로, 사전적으로는 사고방식이나 마음가짐을 뜻한다.

　우리는 하루에도 수만 개의 생각을 한다. 생각은 흘러가는 것처럼 보이지만, 그 흐름이 행동을 만들고 행동이 반복되면 결국 삶의 방향이 된다. 사업도 예외는 아니다. 매출, 고객, 직원, 환경처럼 눈에 보이는 문제보다 먼저 흔들리는 것은 늘 사장의 마음이다.

　사람을 만났을 때 자주 꺼내는 이야기가 있다.

불평이 많은지, 가능성을 이야기하는지, 평계가 먼저 나오는지, 해결책을 찾는지.

그 대화의 방향이 바로 내가 붙잡고 사는 생각의 방향이다.

성공한 사람들의 공통점은 단순하다. 자신의 일에 대해 계속 생각하고, 계속 이야기한다. 문제를 외면하지 않고, 마음속에서 도망치지 않는다.

마인드셋은 상황을 해석하는 관점이다. 같은 일을 겪어도 누구는 무너지고, 누구는 버틴다. 스탠퍼드대학교 심리학과 교수 캐럴 드웩(Carol S. Dweck)은 40년에 걸친 연구를 통해 마인드셋이 결과를 바꾼다는 사실을 증명했다. 능력의 차이가 아니라, 해석의 차이가 인생의 방향을 바꾼다는 것이다.

같은 시간, 전혀 다른 결과를 만든 두 사람의 이야기를 보자.

신채민 씨는 직업을 자주 바꾸며 일해 왔다. 다양한 경험이 중요하다는 생각으로 여러 일을 선택했지만, 서로 연결되지 않은 선택이 반복되며 어느 분야에서도 전문성을 쌓지 못했다. 시간이 흐를수록 기회는 줄었고, 이제는 무엇을 해야 할지 막막함만 남았다.

반면 이혜지 씨는 한 가지 기준을 붙들었다. '내 분야에서 최고가 되자' 급여가 적은 중소기업을 선택한 이유도 명확했다. 사업의 구조를 배우고 싶었기 때문이다. 그는 초반의 불리함을 손해가 아니라 투자로 받아들였다. 그 태도는 결과로 이어졌고, 결국 자신의 사업으로 연결됐다. 두 사람의 차이는 능력이 아니라, 마음의 기준이었다.

목표의 크기는 행동의 밀도를 결정한다. 같은 시기에 문을 연 두 학원이 있었다. 한 원장의 목표는 학생 30명, 다른 원장의 목표는 200명이었다. 목표가 다르니 하루의 쓰임이 달랐다. 작은 목표를 세운 쪽은 움직이지 않았고, 큰 목표를 세운 쪽은 이미 성공한 학원을 찾아다니며 배우고 실행했다. 결과는 자연스러웠다.

마인드셋은 막연한 다짐이 아니다. 어디까지 갈 것인가

를 먼저 정하는 일이다.

그 기준이 없으면, 마음은 쉽게 지치고 흔들린다.

고정 마인드셋에 머무는 사람은 '재능은 타고나는 거야', '지금 이대로가 편해', '새로운 도전은 두려워'라고 생각한다. 이 생각은 편안해 보이지만 서서히 사업을 늦게 만든다. 반면, 성장 마인드셋을 가진 사람은 다르게 해석한다. '이건 아직 과정이야', '지금의 어려움은 다음 단계를 위한 준비야', '배우면 달라질 수 있어' 이들은 실패를 멈춤이 아니라 통과 지점으로 받아들인다.

사업은 결국 사람의 일이다. 사람의 감정, 태도, 말, 표정이 모여 공간의 분위기를 만들고, 그 분위기가 고객 경험이 된다. 마음이 무너지면 태도가 무너지고, 태도가 무너지면 경험이 흐트러진다. 그 순간부터 매출은 이유 없이 떨어지기 시작한다.

윌리엄 제임스(William James)는 말했다. "인간은 자신이 머릿속으로 그린 모습이 된다" 간절히 바라지 않고, 계속 떠올리지 않으며, 행동하지도 않는데 결과가 바뀌기를 기대할 수는 없다. 하루 종일 붙잡고 있는 생각이 결국 인생이 되고 사업이 된다.

지금의 나는 어떤 마인드셋으로 이 일을 하고 있는가. 사랑하는 사람을 계속 떠올리듯이, 내가 진심으로 열망하는 일도 늘 생각하고, 바라고, 행동해야 현실이 된다. 당신이 하루 종일 붙잡고 있는 생각, 그것이 결국 당신의 인생이 된다.

※ 체크 포인트

□ 요즘 나는 문제를 탓하고 있는가, 해석을 바꾸고 있는가

□ 이 일을 왜 시작했는지 스스로 설명할 수 있는가

□ 불안할 때, 멈추는 쪽을 선택하고 있지는 않은가

□ 지금의 어려움을 '과정'으로 받아들이고 있는가

당신의 인생은
아직 결정되지 않았다

멈춘 게 아니라, 잠시 내려놓았을 뿐이다

"결혼하기 전에는 어렸을 때부터 일을 해서 지쳤어요. 그래서 결혼 후에는 일을 그만두었죠. 몇 년 쉬고 나서 다시 직장에 들어가려니 엄두가 나지 않네요."

－15년간 은행에서 근무하며 과장까지 승진했던 김미희 씨

"아이를 맡길 사람이 없어 스무 살 때부터 하던 일을 그만두었어요. 업무 감각이 떨어질까 봐 그게 가장 두려워요."

－미용업계에서 근무했던 이지영 씨

“남편이 사업으로 늘 바쁘다 보니 제가 집을 지켜야 했어요. 저도 제 일을 하고 싶었지만 둘 다 일하면 가정은 누가 책임지나 싶었죠.”

　－ 결혼 전 개인 사업을 했던 한경미 씨

경기매일 조사에 따르면 올해 상반기 경력단절 여성은 140만 명에 육박했다. 열 명 중 네 명은 육아를 이유로 일을 그만두었다. 결혼, 임신, 출산 이후 일을 멈추는 선택은 여전히 많은 여성에게 익숙한 현실이다. 결혼과 출산은 의무가 아니다. 그러나 그 길을 선택했다면 책임이 따른다. 가정을 선택했다면 지켜야 하고, 아이를 낳았다면 키워야 한다. 다만 여자이기 때문에, 엄마이기 때문에 감당해야 하는 몫이 더 크다는 사실 역시 부정할 수 없다.

문제는 그 선택이 ‘내 인생의 끝’처럼 느껴지는 순간이다. 많은 여성들이 삶의 어느 지점에서 객관식 문제를 마주한다. 일과 가정, 커리어와 육아 중 하나를 골라야 할 것 같은 순간이다. 그 갈림길에서 중요한 기준은 타인의 시선이 아니라 자신의 삶이다. 엄마라는 이유로 자신의 인생을 모두 가족에게 양보할 필요는 없다. 엄마가 행복해야 아이도 안정되고 가정에도 생기가 돈다. 억울함을 꾹 누른 채 희생만 반복하면 결국 남는 것은 공허함이다. 아이들이 자라 집을 떠난 뒤 찾아오는 빈 둥지 증후군이 그 결과다.

예순이 넘은 나의 어머니는 젊은 시절 사업을 하다 병으로 오랫동안 일을 쉬셨다. 지금은 회복해 내가 운영하는 학원에서 하루 몇 시간 아이들을 돕고 계신다.

"아이들이랑 있으니까 마음이 밝아져. 일을 다시 하니까 우울했던 감정도 사라졌어. 건강이 허락하는 한 계속 일하고 싶어" 엄마의 이 말은 아직도 마음에 남아 있다.

비슷한 시기에 결혼과 출산을 겪은 한 친구는 이렇게 말했다.

"아이들이 조금 크고 나니까 나만의 시간이 생겼어. 지금 돌아보면 내 인생에서 가장 잘한 건, 어떻게든 일의 끈을 놓지 않은 거야. 일을 잘하는 것보다 중요한 건 아예 놓지 않는 거더라" 정말 불가피한 상황이 아니라면, 일은 삶에 활력을 준다. 먹고 살기 위해서가 아니라, 살아 있다는 감각을 되찾게 해 주기 때문이다. 가정에서의 성취, 육아에서의 성취에 일에서 오는 성취가 더해질 때 삶의 밀도는 달라진다.

아이 둘을 키우다 다시 일을 시작하려던 순간 셋째가 생겨 또다시 멈춰야 했던 미진 씨는 마흔다섯에 간호대에 입학해 지금은 요양보호소를 운영하고 있다.

그는 말한다. "내 일을 시작하고 나니 시선이 달라졌고 부부 관계도 좋아졌어요."

'엄마'라는 역할은 특권이다. 여자를 강하게 만들고 삶을 단단하게 만든다.

지금의 상황 때문에 일을 완전히 내려놓을까 고민하고 있다면, 끈만은 놓지 말라고 말하고 싶다. 어떤 선택을 하더라도 탈출구는 남겨 두어야 한다. 이미 멈춰 있다 해도 늦지 않았다. 지나간 시간은 되돌릴 수 없지만, 앞으로의 시간은 선택할 수 있다. 작은 일부터 다시 시작하면 된다. 헤겔(Georg Wilhelm Friedrich Hegel)은 "인간은 자신의 노동을 통해 인간다워진다"고 말했다.

결혼, 출산, 육아, 일.

하나만 선택하지 말고 모두 해도 된다. 인생은 아직 끝
나지 않았다.

미국을 대표하는 코미디언이자 방송 MC로, 특유의 솔직한 유머와 현실적인 조언으로 유명한 스티브 하비(Steve Harvey)의 토크쇼를 본 적이 있다. 그는 이런 말을 한다.

"남자들은 다 나쁜 놈이야." 그런 사람들만 만나게 될 겁니다.

"난 절대 좋은 사람 못 만나." 정말로 못 만날 겁니다.

"나는 살 못 뺄 거야." 평생 그렇게 살게 될 겁니다.

"난 절대 부자가 될 수 없어." 그대로 현실이 됩니다.

"올해는 꼭 건강해질 거야." 가능성은 높아집니다.

"언젠가는 부자가 될 거야." 그 가능성은 더 커집니다.

그리고 이렇게 덧붙인다.

"말하는 순간 변화가 시작됩니다. 큰 생각을 하면 크게 성장하고, 작은 생각을 하면 작게 머무르게 됩니다."

여기서 흔히 말하는 '끌어당김의 법칙'이 등장한다. 이 법칙은 우리 눈에 보이지 않는 에너지가 존재하며 어떤 생각을 하느냐에 따라 그 에너지가 다시 자신에게 돌아온다는 개념이다. 긍정적인 생각은 긍정적인 결과를, 부정적인 생각은 부정적인 결과를 끌어당긴다는 논리다.

사람은 생각하는 대로 말하고, 말한 대로 행동하며, 행동한 대로 삶을 만든다. 그런데 내가 어디로 가는지도 모른 채 그저 살아지는 대로 살아가고 있다면, 잠시 멈춰야 한다. 그리고 결단해야 한다.

'나는 이 방향으로 가겠다'라고.

원하지도 않았던 삶이 기적처럼 저절로 찾아오는 일은 없다.

어릴 때 어른들은 아이들에게 묻는다.

"너 꿈이 뭐니?"

아이들은 거침없이 말한다. 대통령, 소방관, 의사.

하지만 나이가 들수록 이 질문에 선뜻 답하기가 어려워진다. 현실이라는 파도에 부딪히며 하나씩 포기하고, 하나씩 합리화하다 보면 어느새 방향성 자체를 잃는다.

만약 "당신의 꿈은 무엇인가요?"라는 질문에 답이 떠오르지 않는다면, 반드시 찾아야 한다. 답을 하지 못한다는 것은 결국 '아무 생각 없이 살아가고 있다'는 말과 다르지 않다.

유년기에는 '나는 어떻게 태어났을까'를 궁금해하고, 사춘기에는 '나는 누구인가'를 묻는다. 20대에는 직업을 고민하고, 30대와 40대에는 커리어를 쌓는다. 그리고 50대, 60대가 되면 그 모든 선택의 흔적이 그대로 남는다.

학생 시절에는 공부해야 하는 이유를 몰라도 부모나 선생님을 핑계로 댈 수 있다. 하지만 성인이 된 이후에도 타인의 선택에 기대 살아간다면, 그 결과에 대한 책임은 오롯이 자신에게 돌아온다.

삶에서 일은 선택이 아니라 책임에 가깝다. 일을 단순한 돈벌이 수단이 아니라 나의 가치를 찾는 과정으로 받아들일 때, 하루하루를 버티는 삶에서 벗어날 수 있다.

일과 삶을 반으로 나누는 워라벨(Work-Life Balance)이라는 개념보다 중요한 것은 워라인(Wrok-Life Intergration), 즉 일과 삶의 통합이다. 인생의 대부분을 일하며 살아가는데, 일이 고통이라면 삶 전체가 고통이 된다.

한 조사에 따르면 직장 생활의 비중을 높게 인식하는 집단일수록 삶의 만족도가 높았다. 이는 일이 삶의 중심이 될수록 오히려 삶의 질이 높아진다는 의미다.

사람은 관심 있는 것에 생각이 머문다. 여행을 좋아하면 여행을 떠올리고, 운동에 관심이 있으면 몸을 움직인다. 하지만 하루 24시간 중 대부분은 일하는 시간이다. 그 일에 아무런 관심도 애정도 없다면, 출소일만 기다리는 죄수처럼 살아가게 된다.

그래서 내 일에 대한 꿈을 찾아야 한다. 꿈을 찾기 위해서는 방황이 필요하다. 방황 없이 답은 나오지 않는다. 나 역시 어릴 적에는 가수를 꿈꿨고, 뒤늦게 음악을 시작했지만 한계를 느끼며 실패했다. 그러나 그 실패가 끝은 아니었다. 유학을 떠나 영어 강사로 커리어를 쌓았고, 영어 학원을 운영하며 학생 수를 늘려 갔다. 지금은 글을 쓰고 강연하는 삶을 다시 꿈꾸고 있다.

수많은 방황 끝에 지금의 내가 만들어졌다. 이 순간 또한 또 다른 방향으로 향하는 길목일 수 있다. 인생에는 마침표가 없다.

목표는 삶의 방향을 잡아 주는 좌표다. 화살표가 여러 번 바뀌더라도 방향만 있다면 멈추지 않는다. 선택이 옳았는지는 중요하지 않다. 선택하지 않으면 앞으로 나아갈 수 없기 때문이다.

69세에 960번의 도전 끝에 운전면허를 딴 차사순 할머니, 66세에 KFC를 창립한 커넬 샌더스(Harland David Sanders). 그들이 실패를 반복할 수 있었던 이유는 단 하나다. 계속 도전했기 때문이다. 도전하지 않았다면 실패도 없었을 것이고, 실패가 없었다면 성공도 없었을 것이다.

삶의 방향을 정하는 가장 확실한 방법은 도전이다.

- 가슴 뛰는 일을 찾지 못하겠다면, 도전하라.

- 될지 모르겠다면, 도전하라.

- 남의 시선이 두렵다면, 도전하라.

- 안 되면 어쩌지 걱정된다면, 도전하라.

- 해보지 않고는 아무것도 알 수 없다.

아래 질문에 스스로 답해 보자.

• 아침이 기대되는가?

• 마음을 뜨겁게 하는 일이 있는가?

• 매일 조금씩 달라지고 있는가?

• 꿈과 목표를 말할 수 있는가?

• 미래를 떠올리면 설레는가?

• 새로운 도전을 하고 있는가?

• 지금의 삶이 흥미로운가?

• 10년 전의 나는 지금과 다른가?

이 질문에 답이 떠오르지 않는다면, 지금이 바로 시작

해야 할 순간이다. 변화가 없는 삶은 정체되고, 정체된 삶은 결국 대가를 치르게 된다.

지금, 새로운 길을 만들 시간이다.

직장 생활에 지치다 보면 이런 생각이 스며든다.

'나도 내 사업이나 한번 해볼까?'

'주변 친구는 사업해서 좋은 집, 좋은 차 타고 잘나가는 것 같은데 나도 한번 해볼까?'

앞서 강조하여 얘기 했듯이 사업은 절대 '그냥 한번' 혹은 '나도 한번'이라는 마음으로 시작해서는 안 된다. 그만큼 만만한 상대가 아니기 때문이다. 필자 역시 주변에서 수많은 창업과 폐업을 지켜봐 왔다. 성공 확률을 굳이 따져보자면 10퍼센트를 넘기기 쉽지 않다. 이는 통계에서도 분명히 드러난다.

지난해 신규 창업 대비 폐업 비율은 79.4퍼센트로, 새로 문을 연 10곳 중 8곳이 문을 닫았다. 또한 중소벤처기업부 자료에 따르면 창업 후 5년 생존율은 26.9퍼센트에 불과하다. 신생 업체의 약 4분의 3이 5년을 넘기지 못한다는 의미다.

더 중요한 사실은 이 수치가 성공률이 아니라는 점이다. 생존했다고 해서 성공했다고 말할 수는 없다. 순수익이 거의 남지 않은 채 버티는 사업장도 적지 않다.

물론 사업 실패에는 외부 요인도 존재한다. 전염병, 경기 침체, 예측 불가능한 환경 변화처럼 개인이 통제할 수 없는 변수도 있다. 그러나 이런 예외를 제외하면 대부분의 실패는 선택과 판단의 결과다. 입지 선정, 투자 규모, 아이템 이해도, 운영 태도까지 결국 결정의 주체는 사업가 자신이다.

이 장에서는 실패 사례를 나열하거나 이론을 설명하지 않는다. 이유가 무엇이든 결과에 대한 책임은 사업을 선택한 사람에게 돌아온다. 그래서 여기서는 사업가의 '태도'에 대해 이야기하고자 한다.

사업의 흥망성쇠는 결국 본인에게서 시작된다. 잘되든 안 되든, 운이 좋았든 타이밍이 맞았든, 모든 선택의 중심에는 자신이 있다. 그렇기 때문에 사업에서 가장 중요한 것은 내 일에 얼마나 깊이 헌신할 수 있는가다. 월급날을 기다리는 태도로 사업을 시작했다면, 애초에 선택하지 않는 편이 낫다. 올인하지 않는 사업의 결말은 정해져 있다.

한 대학교 졸업식에서 엔비디아 CEO 젠슨 황(Jensen Huang)은 이렇게 말했다.

"지금 하는 일에 빠지지 않으면 큰 성과를 낼 수 없습니다. 저는 제 일을 사랑합니다. 엔비디아는 제 인생을 바친 작품입니다."

사업을 시작한다는 것은 이 말처럼 '내 사업은 내 삶의 일부가 아니라 중심'이 되겠다는 결단을 의미한다. 재미라는 강에 빠져 헤어 나오기 어려울 정도로 몰입해야 한다. 직장에서는 적당한 타협으로도 버틸 수 있지만, 사업에서는 그런 태도가 오래가지 못한다.

혜민 씨는 카페, 식당, 편의점 등 여러 업종으로 창업을 반복했지만 어느 하나 제대로 운영하지 못했다. 실패의 이유는 늘 외부에 있었다.

'경기가 안 좋아서', '자리가 안 좋아서', '직원이 문제라서', '운이 안 좋아서'

하지만 실패를 분석하고 태도를 바꾸려는 노력은 보이지 않았다. 같은 자리를 맴돌며 결과만 바뀌길 기대하는 모습이었다.

그렇다면 실패하는 사람들의 공통된 행동 패턴은 무엇일까.

첫째, 자기 사업을 충분히 생각하지 않는다.

좋아하는 사람이 생기면 자연스럽게 그 사람이 떠오르듯, 일을 사랑하면 생각은 따라온다. 생각은 아이디어로 이어지고, 아이디어는 실행으로 이어진다. 매일 고민하지 않는 사업에서는 새로운 선택이 나오기 어렵다.

둘째, 일에서 재미를 느끼지 못한다.

재미가 없으면 지루해지고, 지루함은 태만으로 이어진다. 흥미를 잃은 순간 사업은 관리 대상이 아니라 부담이 된다.

셋째, 매출 목표가 없다.

목표는 방향을 잡아주는 기준이다. 목표가 없으면 중요한 일보다 급한 일만 처리하게 되고, 사업은 점점 흐트러진다. 수치로 설정된 목표는 행동을 만들고, 행동은 결과를 만든다.

넷째, 꾸준하지 않다.

사업은 하루 몰아서 할 수 있는 일이 아니다. 언어를 배우듯 매일 반복해야 몸에 밴다. 지름길은 없다. 근면함은 가장 오래된 전략이자 여전히 유효한 방법이다.

사업에서 성공하고 싶다면 복잡할 필요는 없다. 실패한 사람들과 정반대로 행동하면 된다. 나의 시작을 막는 패턴을 풀어보는 것이다.

이제 다음 장에서, 그 반대편에 서 있는 사람들의 태도
와 원칙을 살펴보자.

"부모님이 제가 2살 때 이혼하시고, 엄마와 미국으로 이민 왔지만 형편이 어려워 고아원으로 보내졌어요. 10대 시절에는 방황하며 갱단으로 활동한 적도 있어요. 20대에 이혼을 했는데, 아내가 몇 달 치 월세와 전 재산이었던 차를 가지고 도망갔어요. 당시 3살인 아들과 함께 거리에 나앉게 되었죠. 돈이 없어 노숙 생활을 할 수밖에 없었어요. 그러던 중 지인의 소개로 헤어 케어 제품 회사에 영업직으로 일하며 유능한 영업사원으로 뽑혔어요. 매출 실적이 좋아 다른 회사로 옮기게 되었지만 회사가 지향하는 바와 제가 원하는 목표가 일치하지 않아 세 곳의 회사에서 계속 해고를 당했죠.

그게 결국 회사를 설립하게 된 계기가 된 거죠."

이는 〈포브스〉가 선정한 '세계 100대 부자'에 꼽힌 적이 있는 세계적인 헤어용품 기업 '존 폴 미첼 시스템즈' CEO 존 폴 디조리아(John Paul DeJoria)의 이야기다.

그가 해고되지 않고 영업왕으로서 고액 연봉을 받았다면 지금의 자수성가한 부자 CEO가 될 수 있었을까. 그는 성공 비결을 이렇게 말한다.

"성공한 사람들은 다른 사람들이 힘들어하고 피하고 싶어 하는 일을 합니다."

편하게 성공한 사람은 없다. 세계적인 부자들 대부분은 기업을 직접 일군 사람들이다. 물론 상속자도 있지만, 그들 역시 기업가의 자녀인 경우가 많다. 자신의 사업을 한다고 해서 모두 성공하는 것은 아니지만, 성공한 사람들 다수는 결국 자기 일을 선택한 사람들이다.

세상의 직업은 크게 둘로 나뉜다. 직장을 다니거나, 내 사업을 하거나. 직장 생활이든 자기 사업이든 지금의 삶에 만족하고 보람을 느낀다면 그 선택으로 충분하다. 그러나 현재에 만족하지 못하고 더 큰 성장을 원한다면, 자기 사업을 고민해볼 시점일 수 있다.

교육업 창업을 고민하던 한 지인이 내게 물었다. "주변에서 다들 하지 말라고 하는데 괜찮을까요?" 나는 되물었다. "말린 사람들이 모두 성공한 사람들이었나요?" 그 질문만으로도 답은 충분했다.

모든 사업에는 리스크가 따른다. '경기가 안 좋아서', '물가가 올라서', '인건비가 비싸서'처럼 안 될 이유를 먼저 찾는 것은 결국 자기 확신이 부족하다는 신호다.

한 광고 문구가 떠오른다.

"리스크를 지지 않는 것이야말로 가장 큰 리스크이다"

"The real risk is doing nothing"

– 데니스 웨이틀리(Denis Waitley)

세상에 공짜는 없다. 아무 행동도 하지 않고 생각만 하면, 생각은 생각에 꼬리를 물고 결국 "나중에 하자"로 돌아간다. 생각만 해서는 아무것도 얻지 못한다. 생각이 행동으로 바뀔 때 비로소 상황이 변한다. 내가 월급을 받는 사람이 될지, 월급을 주는 사람이 될지 선택하면 된다. 어떤 선택이든 리스크를 감수해야 한다. 사업은 성공의 궤도에 오르기 전까지 희생과 고통이 따른다. 불편함을 감수할 생각도 없이 뛰어드는 것은 불길을 향해 달려드는 불나방과 다르지 않다.

성공한 사람들에게는 분명한 공통점이 있다. 크고 작은 성공의 크기는 달라도, 행동의 결은 놀라울 만큼 비슷하다.

첫째, 빠르게 결단하고 당장 행동한다.

결단력이 있는 사람은 고민을 길게 끌지 않는다.

제프 베이조스(Jeff Bezos)는 이렇게 말했다.

"아마존이 성공한 이유 중 하나는 결단력입니다. 결정을 빨리 내리는 것이 중요합니다. 책임감을 가지고 최대한 빠르게 결정하는 것이 속도를 높이는 방법입니다. 속도를 늦추는 대부분의 요인은 결정을 내리는 데 너무 오래 걸리는 것입니다."

둘째, 일에 깊이 몰입한다.

일을 억지로 버티는 대상이 아니라, 생각을 멈출 수 없는 대상으로 만든다. 일에 몰입한 사람은 자연스럽게 남들보다 더 많은 시간을 쏟고, 더 많은 시행착오를 겪는다. 그 축적이 결국 차이를 만든다

셋째, 후회에 머무르지 않는다.

사람들은 종종 이런 생각을 한다. '그때 내가 이렇게 했더라면', '10년 전으로 돌아갈 수 있다면' 그러나 지나간 시간은 돌아오지 않는다. 후회로 에너지를 소모하는 것은 결국 자신을 갉아먹는 일이다. 과거를 되돌아보되 거기에 머물지 않는다. 실패를 경험으로 바꾸고, 감정을 정리한 뒤 다시 앞으로 나아간다. 후회는 성장을 멈추게 하지만, 해석은 방향을 바꾼다.

넷째, 배움을 행동으로 바꾼다.

우리는 자기계발, 성공, 동기부여와 관련된 콘텐츠를 보거나 책을 읽으며 배우려고 한다. 그러나 배우면서도 행동이 바뀌지 않는다면, 사실상 배운 것이 없다. "나는 열심히 배우고 있어"는 결국 "나는 달라지고 있어"가 되어야 한다.

배우는 것만으로는 충분하지 않다. 배움은 행동이 바뀔 때 의미를 갖는다. 읽고, 듣고, 깨닫는 데서 멈추지 않고 실제 선택과 행동을 바꾼다.

다섯째, 그릿(Grit)이 강하다.

그릿은 한 단어로 정의하기 어렵다. 사전적 의미는 투지, 기개에 가깝지만 근성, 끈기, 대담함, 회복 탄력성, 야망, 성취욕, 성실성까지 아우른다. 위키백과는 그릿을 장기 목표를 이루기 위한 열정과 '노력의 꾸준함(perseverance of effort)'에 기반한 성향이라고 설명한다.

성공은 단기간에 결정되지 않는다. 흔들리는 시간, 버티는 시간, 다시 일어서는 시간이 쌓여 만들어진다. 그 긴 시간을 견디게 하는 힘이 바로 그릿이다.

마지막으로, 성공한 사람들은 눈빛이 다르다.

하기 싫은 일을 억지로 하는 사람의 얼굴에는 피로가 쌓인다. 반면 좋아하는 일을 하는 사람의 얼굴에는 생기가 남는다. 재미는 열정을 만들고, 열정은 지속력을 만든다.

좋아하는 일을 하다 보면 결국 잘하게 된다. 좋아하는 일을 사업으로 삼고, 그것을 무기로 자신을 단련한 사람은 결국 경쟁력을 갖게 된다.

신영복 작가의 말이 떠오른다. 그는 세상에서 가장 먼 거리가 머리에서 손까지의 거리라고 했다. 머리로만 생각하고, 정작 실천까지는 오래 걸린다는 뜻이다. 다시 말해 머릿속으로만 그리다가, 결국 실행하지 않는 경우가 많다는 이야기다.

성공하는 사람과 실패하는 사람의 가장 큰 차이는 실행력이다. 머릿속에만 있는 생각은 아무것도 바꾸지 않는다. 반면 성공한 사람들은 작은 아이디어라도 바로 실행하고,

그 과정에서 수정하며 배운다.

작게 시작해 빠르게 실험하고, 고객의 반응을 통해 방향을 잡는다. 완벽을 기다리지 않고, 움직이면서 완성해 나간다.

나 역시 공부방으로 작게 시작했다. 오히려 작게 시작했기에 소소한 아이디어를 사업에 적용해볼 기회가 많았다. 작은 아이디어라도 빠르게 실험하고, 고객 반응을 살피며 배우면서 방향을 잡았다. 떠오르는 아이디어가 있으면 메모해 두었다가 즉시 실행에 옮겼다. 내 비즈니스의 핵심은 빠르게 적용하고, 수정하며, 발전을 반복한 데 있었다. 그 결과 지금은 여러 개의 사업체로 확장되었다.

지금 사업을 해야 할지 말아야 할지 고민하고 있다면, 마음속에 '해보고 싶다'라는 불씨가 이미 있다는 뜻이다. 그 불씨를 키울지, 꺼버릴지는 누구도 대신 정해줄 수 없다. 결국 자신의 선택이다. 시작하면 두려움은 오히려 줄어든다. 실행할 수밖에 없는 상황이 파도처럼 밀려오기 때문이다.

그 파도에 몸을 맡기고 움직이면 된다. 그러나 시작하지 않는다면 내가 바라던 변화는 일어나지 않는다.

이 책을 덮는 순간, 당신의 선택이 시작된다

책을 마무리하며 마지막으로 전하고 싶은 말이 있습니다.

바닥에 있는 사람에게는 더 내려갈 곳이 없습니다. 그래서 무엇이든 시작하기가 오히려 쉽습니다. 어떤 일이든 시작하는 순간부터는 올라갈 수밖에 없기 때문입니다.

저 역시 그랬습니다.

파트타임 월급 100만 원, 두 아이를 책임져야 하는 엄마, 아무것도 없는 무일푼의 상태였습니다. 그런 제가 '사업'이라는 하나의 선택을 하면서 열심히 살 수밖에 없는 길로 들어섰고, 그 선택은 제 인생의 방향을 바꾸어 놓았습니다.

이 책은 단순히 돈을 버는 기술이나 사업 노하우를 전하기 위해 쓴 책이 아닙니다. 이 책을 통해 전하고 싶었던 메시지는 단 하나입니다.

당신도 해낼 수 있다는 것.

삶을 바꾸는 일은 거창한 결심에서 시작되지 않습니다. 아주 작은 선택 하나에서 시작됩니다. 이 책의 이야기는 여기서 끝나지만, 당신의 이야기는 이제 시작입니다. 책을 덮는 순간부터가 진짜 출발선입니다

자기 인생의 주인공으로서, 당신이 원하는 삶을 향해 한 걸음 내딛기를 진심으로 응원합니다. 당신의 시즌2는 이미 준비되어 있습니다. 그리고 이 책이 그 시작을 밝히는 작은 불씨가 될 수 있다면, 그것으로 충분합니다.

당신이 원하는 삶,

당신이 바라던 미래는

어쩌면 오늘 선택한 아주 작은 변화 하나에서 시작될지

도 모릅니다.

당신이 원하는 삶,

참고문헌

머니투데이 2011.04.26. 기사 참조

경향신문 2021.09.22.기사 참조

2023년 전국사업체 조사 결과, 통계청 자료 참조

동아일보 2024.11.10.참고

행정안전부 지방행정인허가데이터 참조

위키백과 참조

네이버 백과사전 참조

중앙일보 출처

사례뉴스 2024.02.01. 기사 참고

보건복지부 통계 자료 참조

나우앤서베이, 대한민국 직장인 삶의 만족도 설문조사 결과, 2023.
08. 21.

뉴스핌 2024.09.12. 기사 참고

그녀는 어떻게 해냈을까?

초판 1쇄 인쇄 2026년 4월 1일
초판 1쇄 발행 2026년 4월 8일

발행 스노우폭스북스
발행인 서진

지은이 이선희

책임편집 편집2팀 박정아
편집부 홍다휘. 유지수

디자인 김완선

마케팅 총괄 김정현
기획전략 김형언
홍보 김민주. 김준수

제작 박범준

종이 월드페이퍼
인쇄 남양문화사

주소 경기도 파주시 회동길 527, 스노우폭스북스 사옥 3층
대표번호 031-927-9965 팩스 070-7589-0721
전자우편 edit@sfbooks.co.kr
출판신고 2015년 8월 7일(제406-2015-000159호)

ISBN 979-11-94966-31-9 03190